Vladimir Safatle

Introdução a
**JACQUES LACAN**

**FILŌ**MARGENS

**autêntica**

Vladimir Safatle

Introdução a
# JACQUES LACAN

4ª edição – revista e atualizada
(1ª edição publicada pela Publifolha em 2007,
com o título: *Lacan*)

4ª reimpressão

PREFÁCIO Joel Birman

Copyright © 2017 Vladimir Safatle
Copyright © 2017 Autêntica Editora

Todos os esforços foram feitos no sentido de encontrar os detentores dos direitos autorais das obras que constam deste livro. Pedimos desculpas por eventuais omissões involuntárias e nos comprometemos a inserir os devidos créditos e corrigir possíveis falhas em edições subsequentes.

Todos os direitos reservados pela Autêntica Editora Ltda. Nenhuma parte desta publicação poderá ser reproduzida, seja por meios mecânicos, eletrônicos, seja via cópia xerográfica, sem a autorização prévia da Editora.

COORDENADOR DA COLEÇÃO FILÔ
*Gilson Iannini*

CONSELHO EDITORIAL
*Gilson Iannini* (UFOP); *Barbara Cassin* (Paris); *Carla Rodrigues* (UFRJ); *Cláudio Oliveira* (UFF); *Danilo Marcondes* (PUC-Rio); *Ernani Chaves* (UFPA); *Guilherme Castelo Branco* (UFRJ); *João Carlos Salles* (UFBA); *Monique David-Ménard* (Paris); *Olímpio Pimenta* (UFOP); *Pedro Süssekind* (UFF); *Rogério Lopes* (UFMG); *Rodrigo Duarte* (UFMG); *Romero Alves Freitas* (UFOP); *Slavoj Žižek* (Liubliana); *Vladimir Safatle* (USP)

EDITORA RESPONSÁVEL
*Rejane Dias*

EDITORA ASSISTENTE
*Cecília Martins*

REVISÃO
*Lívia Martins*

PROJETO GRÁFICO
*Diogo Droschi*

CAPA
*Alberto Bittencourt (sobre cena do filme* Um cão andaluz, *de Luis Buñuel e Salvador Dalí, 1929)*

DIAGRAMAÇÃO
*Larissa Carvalho Mazzoni*

---

**Dados Internacionais de Catalogação na Publicação (CIP)**
**(Câmara Brasileira do Livro, SP, Brasil)**

Safatle, Vladimir
  Introdução a Jacques Lacan / Vladimir Safatle ; prefácio Joel Birman. -- 4. ed. rev. atual., 4. reimp. -- Belo Horizonte : Autêntica, 2024. -- (Filô Margens)

  Bibliografia
  ISBN 978-85-513-0265-1

  1. Filosofia 2. Lacan, Jacques, 1901-1981 - Crítica e interpretação 3. Psicanálise e filosofia I. Birman, Joel. II. Título III. Série.

17-05431                                                    CDD-150-195

Índice para catálogo sistemático:
  1. Lacan, Jacques : Psicanálise e filosofia :
     Teorias psicanalíticas 150.195

---

**Belo Horizonte**
Rua Carlos Turner, 420
Silveira . 31140-520
Belo Horizonte . MG
Tel.: (55 31) 3465 4500

**São Paulo**
Av. Paulista, 2.073 . Conjunto Nacional
Horsa I . Sala 309 . Bela Vista
01311-940 . São Paulo . SP
Tel.: (55 11) 3034 4468

www.grupoautentica.com.br
SAC: atendimentoleitor@grupoautentica.com.br

09. Prefácio
*Joel Birman*
13. Introdução
19. Capítulo I: Em direção à psicanálise
29. Capítulo II: Desejos sem imagens
43. Capítulo III: Histórias de estruturas
63. Capítulo IV: Formas do Real
79. Conclusão
81. Anexo: Sobre a relação entre clínica e ética em Lacan
91. Cronologia
93. Bibliografia

*Não se deve compreender muito rápido.*
Jacques Lacan

# Prefácio

*Joel Birman*

Este livro sobre Lacan, escrito por Vladimir Safatle, é surpreendente por sua grande densidade teórica e precisão conceitual. Além disso, está escrito numa linguagem clara e num português escorreito, onde tudo é devidamente explicitado para os leigos, para apagar definitivamente do texto qualquer marca de retórica especializada e técnica, que destinaria inevitavelmente a obra para os já iniciados no tema.

Assim, o autor percorre a obra de Lacan do início ao fim de seu percurso intelectual (1932-1981), em quatro capítulos bem-concatenados, incluindo ainda uma conclusão, uma cronologia e uma bibliografia básica. Incluem-se nessa não apenas alguns poucos títulos introdutórios, mas também referências a sites sobre a obra de Lacan e a teoria lacaniana. Ao longo do texto, as referências bibliográficas e os comentários breves aparecem em notas de rodapé, para orientar devidamente o leitor.

Se o livro é conceitualmente preciso, isso se deve à escolha do fio de prumo para delinear o seu percurso teórico. No que concerne a isso, aliás, a obra é também surpreendente.

A escolha teve como base a problemática da "clínica", que teria norteado a produção dos diferentes discursos teóricos em Lacan. Pode-se afirmar que essa escolha é bastante original, pois em geral as exposições sobre sua obra se centram seja na ênfase a certos conceitos fundamentais (Fink, Lacoue-Labarthe, Nancy, Miller, Milner, Ogilvie), seja na sua biografia (Roudinesco). Portanto, Safatle destacou a clínica como problemática crucial, delineando a produção de conceitos que pudessem, então, solucionar e operacionalizar de maneira coerente as questões colocadas.

No entanto, se a escolha do autor foi essa, isso se deve à configuração atual do campo de cuidados na contemporaneidade. Assim, acossada que é pela "medicalização" ostensiva do "mal-estar" promovida pelas neurociências, a psicanálise é denegrida e considerada superada nos seus propósitos de cuidados. Para se contrapor a isso é preciso dizer que, desde o início do seu percurso teórico, Lacan empreendeu uma crítica sistemática da medicalização e da psicologização da dor – como Freud também, aliás.

Aquele constituiu, com efeito, um programa "interdisciplinar", pelo qual uma interpretação psicológica das perturbações do espírito foi conjugada a uma leitura sociológica e antropológica, para se contrapor a qualquer redução organicista e neurofuncional na explicação de tais perturbações. Criticando, assim, qualquer materialismo naturalista, Lacan se aproximaria mais do materialismo dialético. Em decorrência disso, a problemática da alienação foi inscrita no fundamento de sua leitura da clínica.

Foi pelo destaque dado à alienação, constitutiva que ela seria do Eu e da personalidade pelos processos de identificação (Freud), que a problemática do sujeito foi enunciada desde o início do percurso de Lacan. Daí a ênfase de Safatle em iniciar sua leitura pelo começo da obra, para ressaltar a fidelidade teórica de Lacan à sua problemática, não obstante as transformações conceituais que enunciou.

Assim, se inicialmente o sujeito (*Je*) se opunha ao Eu (*moi*), isso indicaria a irredutibilidade daquele a esse, por um lado, pois essa seria a possibilidade de ruptura com a experiência de alienação condensada no Eu, pelo outro. Seria ainda por esse viés que a passagem do registro do Imaginário para o do Simbólico se justificaria teoricamente, pois, nesse contexto, Lacan conferiu ao "desejo puro" a posição crucial de promover agora as rupturas com aquilo que fosse alienante. Finalmente, na ênfase atribuída posteriormente ao registro do Real, o privilégio da ruptura foi conferido ao objeto *a* e à "travessia do fantasma".

Portanto, no discurso psicanalítico concebido por Lacan, o que estaria sempre em pauta seria a constituição de um operador que pudesse empreender a ruptura com a alienação, engendrada que essa seria na modernidade. Paradoxalmente, seria a dissolução das coordenadas da alienação o que possibilitaria a ação efetiva do operador da ruptura. A eficácia do ato psicanalítico estaria aqui.

Por isso mesmo, a psicanálise não seria uma prática terapêutica no sentido estrito, pois não poderia ser normativa, mas uma crítica sistemática e insistente da medicalização do mal-estar, já que as modalidades de adaptação promovidas pela modernidade seriam efetivamente alienantes.

# Introdução

"Bastam dez anos para que o que escrevo se torne claro a todos." Com estas palavras, Lacan (1901-1981) encerrava uma rara entrevista dada à televisão francesa em 1971. Mais de 35 anos se passaram e não podemos dizer que sua premonição tenha se realizado, embora ela contenha algo de verdadeiro. Pois mesmo que Lacan ainda seja um autor cujo estilo elíptico desconcerta e afasta, é certo que sua importância intelectual foi paulatinamente sendo reconhecida. Não se trata apenas de insistir aqui na relevância de suas posições no interior do debate referente às direções da clínica analítica nas últimas décadas. Trata-se de sublinhar como Lacan também se tornou um interlocutor privilegiado em reflexões contemporâneas sobre filosofia, teoria literária, crítica de arte, política e teoria social.[1] Nesse sentido, ele talvez

---

[1] Entre os vários exemplos possíveis, lembremos alguns nomes centrais que, a partir de Lacan, desenvolvem reflexões sobre: o político (Slavoj Žižek, Alain Badiou, Ernesto Laclau), a filosofia contemporânea (de novo Badiou e Žižek), a estética (Rosalind Krauss, Hal Foster, Georges

tenha sido o único psicanalista, juntamente com Freud, a conseguir transformar sua obra em passagem obrigatória para aqueles cujas preocupações não se restringem apenas à clínica, mas dizem respeito a um campo amplo de produções socioculturais, campo vinculado aos modos de autocompreensão do presente com suas expectativas e impasses.

Isso foi possível, no entanto, porque sua noção de clínica sempre guardou uma série de peculiaridades, mesmo conservando os dois princípios fundamentais para a constituição da práxis analítica desde Freud, a saber, ser radicalmente desmedicalizada e reduzir o campo de intervenção à dimensão da relação psicanalista-paciente. Começar lembrando alguns pressupostos por trás da clínica lacaniana talvez seja uma boa estratégia para introduzir o sentido de sua experiência intelectual, bem como para explicar as causas de sua ampla recepção. Essa é uma estratégia ainda mais relevante se levarmos em conta que vivemos em uma época que assiste tentativas sucessivas de desqualificação pura e simples da racionalidade da práxis clínica psicanalítica.

A partir dos anos 1980, e principalmente depois da década de 1990, parecia consensual a noção de que a psicanálise entrara em "crise". Ultrapassada pelo avanço de novas gerações de antidepressivos, ansiolíticos, neurolépticos e afins, a psicanálise foi vista por muitos como uma prática terapêutica longa, cara, com resultados duvidosos e sem fundamentação epistemológica clara. Muitas vezes, psicanalistas foram descritos como irresponsáveis

---

Didi-Huberman), a teoria literária (os exemplos são inumeráveis), a teoria do cinema (Christian Metz, Jean-Louis Baudry) e os problemas de gênero (Judith Butler).

por não compreenderem, por exemplo, que patologias como ansiedade e depressão seriam resultados de distúrbios orgânicos e que nada teriam a ver com noções "fluidas" como "posição subjetiva frente ao desejo". Por sua vez, a insistência em continuar operando com grandes estruturas nosográficas como histeria, neurose, perversão e melancolia parecia resultado de um autismo conceitual que impedia a psicanálise de compreender os avanços do DSM-III[2] na catalogação científica das ditas afecções mentais com suas "síndromes" e "transtornos" relacionados a órgãos ou funções mentais específicos.

Nesse contexto, a noção de cura de afecções e patologias mentais parecia enfim encontrar um solo seguro. O desenvolvimento das ciências cognitivas, em especial das neurociências, teria permitido uma certa redução materialista capaz de demonstrar como todo estado mental (crenças, desejos, sentimentos etc.) seria apenas uma maneira "metafórica" de descrever estados cerebrais (configurações neuronais) cuja realidade é física. Com isto, estavam abertas as portas para que a própria noção de doença mental pudesse ser tratada como distúrbio fisiologicamente localizável, ou seja, como aquilo que se submete diretamente à medicalização. A clínica, por ter sua racionalidade submetida a uma fisiologia elaborada, poderia, a partir de então, aparecer como o setor aplicado de uma farmacologia.

De fato, desde sua tese de doutorado em psiquiatria, de 1932, Lacan insistia na inadequação de perspectivas

---

[2] Manual de diagnósticos de síndromes e doenças mentais. Periodicamente revisto, os DSMs conheceram até hoje cinco edições. A partir do DSM-III, que apareceu no final dos anos 1970, a conceitografia psicanalítica foi sendo abandonada em prol de um vocabulário mais "descritivo" e "neutro" do ponto de vista teórico.

fundadas nessas reduções materialistas dos fenômenos mentais. É a consciência dessa inadequação que o levará a assumir a carreira de psicanalista. É tal consciência que o levará também a tentar reconstruir os padrões fundamentais de racionalidade das práticas clínicas, através da defesa de um conceito de sujeito não redutível a qualquer forma de materialismo neuronal. Ou seja, quando Lacan decide-se pela psicanálise, logo após a defesa de sua tese em psiquiatria, ele já tem um problema armado que guiará sua experiência intelectual a partir de então. Um problema que guarda uma estranha atualidade, isso se levarmos em conta os desenvolvimentos posteriores da psiquiatria em direção a uma reconstituição de suas práticas a partir da farmacologia.

É verdade que a clínica e a teoria lacanianas serão radicalmente modificadas ao longo dos anos. Mas nada entenderemos do sentido dessas modificações se não tivermos uma noção clara do processo de desenvolvimento do pensamento lacaniano desde seu início. Assim, vale a pena descrevermos esses primeiros passos de Lacan se quisermos identificar a razão pela qual suas reflexões clínicas se transformaram em referência maior para as estratégias de autocompreensão do presente.

Por outro lado, tais considerações a respeito da trajetória de Lacan servem como resposta à questão sobre como começar a ler sua obra. Por mais estranho que possa parecer, *devemos começar a ler Lacan pelo começo*. Nada melhor do que seguir o desenvolvimento cronológico de sua experiência intelectual a fim de determinar o processo de formação de seus conceitos e problemas. Embora sua obra vá modificando paulatinamente seu campo de interlocuções, suas estratégias de problematização e o estilo de sua escrita, é inegável o esforço lacaniano em integrar desenvolvimentos recentes de seu pensamento a elaborações mais antigas. Esse é um ponto importante, porque a recorrência de certas questões fundamentais é o que dá unidade a uma verdadeira experiência intelectual. Nesse sentido, devemos sempre nos perguntar: quais são as questões fundamentais que animam a trajetória lacaniana? Uma delas é, sem dúvida, a crítica à aplicação de um materialismo reducionista às clínicas dos fatos mentais.

## Capítulo I
# Em direção à psicanálise

*Da psicose paranoica em suas relações com a personalidade* é o título da tese de doutorado em medicina de Lacan, o primeiro livro por ele publicado.[3] Orientada pelo psiquiatra Henri Claude, chefe de clínica do hospital parisiense de Saint-Anne, a tese terá uma acolhida, no mínimo, peculiar, já que será praticamente desconsiderada pelo meio médico. Os maiores elogios virão da revista *O surrealismo a serviço da revolução* (*Le Surréalisme au service de la révolution*), através de resenhas escritas pelo poeta René Crevel e por Salvador Dalí (que havia publicado um artigo sobre paranoia e produção estética). Além de uma nota elogiosa do escritor Paul Nizan no jornal comunista *L'humanité*.

Essa acolhida tinha uma razão clara: com sua tese, Lacan procurava constituir uma teoria em que clínica,

---

[3] Para uma análise exaustiva da tese de doutorado de Lacan, ver Richard Simanke, *Metapsicologia lacaniana* (São Paulo: Discurso Editorial, 2002), e Bertrand Ogilvie, *Lacan: a formação do conceito de sujeito* (Rio de Janeiro: Zahar, 1988).

reflexão social e tematização da produção estética se articulassem de maneira orgânica. Desde o início, essa teoria é um *programa interdisciplinar* cuidadosamente montado, o qual, através da reconstrução dos modos de determinação do normal e do patológico, fornece os subsídios para uma crítica da razão que não deixa de se encontrar com as expectativas disruptivas da vanguarda estética.

A tese de Lacan chegava a tais consequências partindo da defesa de uma perspectiva à época chamada "psicogênica", a qual consistia em afirmar que:

> na ausência de qualquer déficit detectável pelas provas de capacidade (de memória, de motricidade, de percepção, de orientação e de discurso), e na ausência de qualquer lesão orgânica apenas provável, existem distúrbios mentais que relacionados, segundo as doutrinas, à "afetividade", ao "juízo", à "conduta", são todos eles distúrbios específicos da síntese psíquica.[4]

Ou seja, tratava-se de uma perspectiva que insistia na irredutibilidade de um certo quadro de distúrbios mentais a toda e qualquer explicação causal de natureza orgânica ou mesmo funcional. Quadro no qual encontraríamos, de maneira privilegiada, o que a psicanálise ainda hoje compreende por psicose paranoica.

No edifício clínico psicanalítico lacaniano, a paranoia é concebida como uma das três categorias nosográficas

---

[4] Jacques Lacan, *Da psicose paranoica em suas relações com a personalidade*, (Rio de Janeiro: Forense, 1988, p. 1). Décadas mais tarde, Lacan se afastará de sua postura psicogênica de juventude. Mas, neste caso, não se tratava de criticar a noção de uma causalidade não redutível a processos fisiológicos. Tratava-se, na verdade, de tomar distância da noção de *relação de compreensão,* tal como desenvolvida pelo psiquiatra e filósofo Karl Jaspers — noção fundamental para a constituição da perspectiva psicogênica à época.

próprias à estrutura psicótica (as outras duas categorias são a esquizofrenia e a melancolia ou psicose maníaco-depressiva). Estruturas estas cujo sintoma definidor é, principalmente, a produção sistemática de delírios e alucinações. Nas últimas décadas, desde o DSM-IV, a paranoia aparece como um subtipo da esquizofrenia. Fala-se então em esquizofrenia do tipo paranoide. No entanto, seja em tais manuais seja na literatura psicanalítica, temos um quadro de identificação relativamente simétrico que vê, na paranoia, um comportamento psicótico marcado pela produção sistemática de interpretações delirantes (ligadas normalmente a temáticas de perseguição, ciúme, grandeza e/ou erotomania) e por uma certa ausência de deterioração intelectual (o que explica o uso relativamente ordenado da linguagem e a consistência da conduta).

Lacan baseava sua análise da paranoia em uma noção relativamente comum à época, que atribuía a gênese da doença a um problema evolutivo da personalidade. Mas, no seu caso, isso lhe permitia insistir que apenas a compreensão do *processo de formação* da personalidade poderia fornecer a inteligibilidade da psicose paranoica.

Falar em formação da personalidade significa falar sobre dinâmicas de socialização visando à individuação. Forma-se a personalidade através da socialização do indivíduo no interior de núcleos de interação como a família, as instituições sociais, o Estado. Tal processo de socialização implica uma certa *gênese social da personalidade* que, segundo Lacan, deve servir de horizonte para a compreensão de patologias que se manifestam no comportamento. O que não significa negar as bases orgânicas da doença, mas insistir em um domínio de causalidade vinculado àquilo que Lacan chama naquele momento de "história vivida do sujeito" ou, ainda, "história psíquica". Maneira clara de vincular a reflexão sobre as patologias mentais a uma certa antropologia, o que não deixa de nos remeter a uma das operações fundamentais de constituição da psicanálise freudiana, com seu hibridismo entre textos sociológicos (*Totem e tabu, O mal-estar na civilização, O futuro de uma ilusão* etc.) e textos clínicos. Um pouco como se o verdadeiro paralelismo a ser procurado pela clínica não fosse exatamente entre o mental e o orgânico, mas entre o mental e o social. Eis o que Lacan tem em vista ao insistir nas relações entre psicose paranoica e desenvolvimento da personalidade; isso a ponto de defender que a verdadeira psiquiatria só poderia ser uma "ciência da personalidade". O que demonstra como, contra o materialismo organicista, Lacan não temia em sugerir algo como um *materialismo histórico aplicado às clínicas dos fatos mentais*.

## Socialização como alienação

Fica uma questão, entretanto: como Lacan compreende essa gênese social da personalidade resultante das dinâmicas de socialização? De fato, Lacan já opera aqui com a tendência psicanalítica em compreender socialização e individuação a partir de *processos de identificação*.

Identificar-se é, *grosso modo*, "fazer como", atuar a partir de tipos ideais que servem de modelo e de polo de orientação para os modos de desejar, julgar e agir. O que nos leva a uma contradição aparente. Pois afirmar que a identificação é o motor das dinâmicas de socialização significa dizer que o processo social que permite a constituição de subjetividades é movido pela internalização de modelos ideais de conduta socialmente reconhecidos e encarnados em certos indivíduos. Modelos que podem aparecer nas figuras familiares do irmão, dos pais, ou em qualquer outra figura de autoridade.

No entanto, essa internalização não deixa de ser profundamente conflitual. Internalizar um tipo ideal encarnado na figura de um outro significa *conformar-se* a partir de um outro que serve de referência para o desenvolvimento do Eu. Se quisermos ser mais exatos, diremos que se trata de *alienar-se*, já que significa *ter sua essência fora de si, ter seu modo de desejar e de pensar moldado por um outro*. Daí uma das temáticas clássicas da teoria freudiana consistir em lembrar como *toda socialização é alienação*, como esse processo é fundamentalmente repressivo por exigir a conformação a padrões gerais de conduta. Para Freud, há algo anterior aos processos de socialização, algo que não é ainda um Eu, mas é um corpo libidinal polimorfo e inconsistente. Isso nos explica por que os processos de socialização tendem a se impor através da repressão do corpo libidinal, da culpabilização de toda exigência de satisfação irrestrita, perpetuando, com isso, *relações de agressividade* profunda contra aquilo que serve de ideal. Há um preço alto a pagar para ser um Eu.

À sua maneira, Lacan se serve desse esquema de compreensão da gênese social da personalidade e do problema da culpabilidade, a fim encaminhar sua interpretação daquele que será seu único "caso clínico" em quase cinquenta anos de atividade profissional: o caso Aimée.[5]

Marguerite Anzieu (o verdadeiro nome da paciente) havia sido internada após tentar esfaquear Huguette

---

[5] Para uma análise completa do caso Aimée, ver Jean Allouch, *Paranoia: Marguerite ou a Aimée de Lacan* (Rio de Janeiro: Companhia de Freud, 2005).

Duflos, uma famosa atriz de teatro da época, por crer que ela a perseguia e participava de um complô para assassinar seu filho. Marguerite já vinha demonstrando um quadro constante de delírios de perseguição, de grandeza e de erotomania, e chegara a passar por uma internação. Após sair da primeira internação, ela conseguirá transferir seu emprego para Paris, onde tentará, sem sucesso, ser reconhecida como "mulher de letras e de ciência". Suas temáticas delirantes continuarão até o crime perpetrado contra a atriz de teatro, em 1931. Dias depois de internada, a produção delirante para momentaneamente. No entanto, ela ficará internada, com recaídas constantes até 1943.

Durante seu longo relato clínico, Lacan demonstra como essa filha de camponeses da "França profunda" era atravessada, desde cedo, pelo sentimento de deslocamento em relação ao seu meio, em relação aos "papéis femininos" e, sobretudo, por veleidades intelectuais. Lacan dedicará várias páginas ao relato de seus escritos. Tal atividade literária será fundamental para que ele descreva os tipos ideais que determinaram o desenvolvimento da personalidade de Marguerite, os mesmos tipos contra os quais ela se volta em seus delírios de perseguição: "Mulheres de letras, atrizes, mulheres do mundo, elas representam a imagem que Aimée concebe da mulher que, em algum grau, goza da liberdade e do poder social [...] A mesma imagem que representa seu ideal é também o objeto do seu ódio".[6]

Há, assim, uma profunda relação de identificação entre Marguerite e suas perseguidoras, relação que se inverte em rivalidade e agressividade. Pois se o outro se

---

[6] Jacques Lacan, *Da psicose paranoica...*, p. 254

encontra no lugar que desejo ocupar, nunca cessarei de tentar desalojá-lo para ser eu mesmo. Daí Lacan poder afirmar: "A noção de agressividade responde ao dilaceramento do sujeito contra si mesmo".[7] No entanto, explicações dessa natureza são genéricas e nunca serviriam para descrever a particularidade de uma reação paranoica. Lacan precisa encontrar uma causa que permita explicar como as reversibilidades de um processo de identificação, que concerne a todo e qualquer sujeito, são vivenciadas de maneira tão traumática pelo paranoico.

Nesse contexto, Lacan traz a noção de *fixação do desenvolvimento da personalidade*. No interior da socialização, há um momento de internalização de um processo que permite ao sujeito tomar certa distância dessas identificações marcadas pela reversibilidade transitiva entre o Eu e o outro. Posteriormente, Lacan mostrará como tal processo está vinculado a uma outra identificação, a qual se dá com a lei social ordenadora, representada, no interior da família, pela função paterna. O argumento de Lacan consistirá em dizer que, na paranoia, essa segunda identificação estabilizadora com a ordem paterna não ocorre, mas há uma fixação que impede o sujeito de atravessar as relações de rivalidade e alienação com o que lhe aparece como ideal. Ele vive assim em uma confusão narcísica, que faz com que toda alteridade apareça próxima demais, invasiva demais.[8] Daí a

---

[7] Jacques Lacan, *Escritos* (Rio de Janeiro: Zahar, 1996, p. 347).

[8] Esta era a maneira lacaniana de interpretar a noção freudiana segundo a qual a paranoia seria uma reação de defesa contra a homossexualidade. Tudo se passa como se Lacan transformasse tal homossexualidade em paixão pelo mesmo, paixão conflitual pela imagem de si mesmo vinda de um outro. Como se a paranoia fosse, no fundo, uma doença do narcisismo.

impossibilidade de reconhecer a dependência à alteridade sem produzir explosões de rivalidade que acabam, por exemplo, sendo projetadas para fora de si sob a forma de delírios de perseguição.

Levando em conta esse jogo de identificações, Lacan poderá fornecer o sentido da ação criminosa de Marguerite. Na verdade, ao atacar a atriz de teatro, ela procurou atingir a si mesma. Ela atinge a si mesma não exatamente para livrar-se de um ideal que a persegue, mas para ser punida, para ser culpada perante uma lei social da qual ela sempre se sentiu deslocada. Pois ser culpada e punida é, neste contexto, uma forma peculiar de ter diante de si a presença da potência asseguradora da lei. Sentir-se culpada é uma forma de inscrever-se no interior da lei social, como se o crime fosse, na verdade, um modo de demanda de reconhecimento social, que só pode realizar-se se Marguerite sentir que a lei também "é para ela". Daí Lacan ter dito, após o crime, que ela se "cura" de uma "paranoia de autopunição" e pode tomar uma certa distância da sua produção delirante.

Notemos, primeiro, como essa cura não deixa de ter um acento peculiar. Ao sentir-se culpada, Marguerite se encontra com uma ordem social punitiva e "legítima", cuja ausência teria permitido o advento da psicose. Não é por outra razão que Lacan recomendará, como estratégia profilática contra a psicose, a recondução desses pacientes a instituições sociais rígidas ou a grandes ideais reformadores que exigem abnegação. Por sinal, essa será sua estratégia quando tiver em análise Dora Maar (artista e amante de Picasso) nos anos 1940. Sentido a fragilidade de sua estrutura psicótica, Lacan verá como saída clínica o reforço de seu encaminhamento em direção à fé religiosa.

Além disso, não é difícil notar que Lacan está mais interessado em "uma psicanálise do eu do que em uma psicanálise do inconsciente".[9] Como vimos, a causalidade da psicose paranoica foi descrita através de uma teoria das identificações e da gênese social da personalidade, a qual em momento algum precisou fazer apelo direto à noção psicanalítica de inconsciente. Na verdade, durante décadas, Lacan considerará o conceito de inconsciente como supérfluo. Foi só a partir de seu encontro com o inconsciente estrutural de Lévi-Strauss, isso no início dos anos 1950, que Lacan "retornará" ao inconsciente freudiano.

---

[9] Jacques Lacan, *Da psicose paranoica...*, p. 280.

Capítulo II
# Desejos sem imagens

Com um diploma de médico-legista nas mãos, Lacan toma duas decisões quase simultâneas: inicia uma análise didática que lhe permitirá ser psicanalista e segue os cursos do filósofo russo Alexandre Kojève (1902-1968) sobre a *Fenomenologia do Espírito*, de Hegel. Essas duas decisões devem ser colocadas no mesmo nível de importância, embora tenham valores inversos.

A análise didática, feita com Rudolph Loewenstein (1898-1976), durou seis anos. Condição para o acesso à situação de analista institucionalmente reconhecido pela Sociedade Psicanalítica de Paris (SPP), foi abandonada por Lacan assim que conseguiu aceder na SPP por outros meios. Após a Segunda Guerra, Loewenstein emigrará para os EUA e será, juntamente com Heinz Hartmann e Ernst Kris, responsável pela constituição do *corpus* desta *Ego psychology*,[10] tão criticada por Lacan e por muito

---
[10] Corrente psicanalítica que compreende a cura como fortalecimento das defesas e da capacidade de controle do Eu em relação às pulsões,

tempo hegemônica em solo norte-americano. Já com Alexandre Kojève, a relação será totalmente diferente. Sua influência no pensamento lacaniano é visível e reconhecida pelo próprio.

Alexandre Kojève foi uma das figuras centrais na constituição do cenário intelectual francês nos anos 1930 e 1940. Entre 1933 e 1939, este jovem filósofo russo ministrará um curso sobre a *Fenomenologia do Espírito* seguido, entre outros, por Georges Bataille, Raymond Queneau, Maurice Merleau-Ponty, Éric Weil, André Breton, Raymond Aron, Roger Caillois, Pierre Klossowski e Jacques Lacan. Jean-Paul Sartre, mesmo não estando presente nos seminários, terá seus textos marcados pelos esquemas kojèvianos. Toda uma geração de intelectuais receberá, assim, a influência de um ensino que se fez passar por comentário de texto. "Fazer passar-se" é aqui a expressão mais correta, já que não é difícil demonstrar os desvios de leitura conscientemente produzidos por Kojève no texto hegeliano, embora seja também inegável o caráter acertado de algumas de suas chaves de compreensão.[11]

Através de Kojève, Lacan encontrará uma teoria do desejo capaz de fornecer o fundamento para sua ideia de

---

ao supereu e à realidade, criando assim uma zona livre de conflitos psíquicos. Tal fortalecimento, feito principalmente através da identificação entre o Eu fraco do analisando e o Eu forte do analista, permitiria a reconstituição da autonomia do Eu e a melhor assunção de ideais de adaptação social que regulam a relação entre o Eu e seu meio ambiente social.

[11] Sobre a leitura kojèveana de Hegel, ler sobretudo Gwendoline Jarczyk e Pierre-Jean Labarrière, *De Kojève à Hegel: 150 ans de pensée hégélienne en France* (Paris: Albin Michel, 1996); Paulo Arantes, *Um Hegel errado mas vivo* (IDE, n. 21, 1991) e Judith Butler, *Subjects of Desire* (Berkeley: University of California Press, 1997).

uma ciência da personalidade enquanto solo de orientação da análise das patologias mentais e de uma clínica de moldes psicanalíticos. Tal solo exigirá ainda uma articulação peculiar entre essa filosofia hegeliana lida à luz de Kojève, psicologia do desenvolvimento e etologia animal. Ela será sintetizada através de um dos conceitos centrais de Lacan, a saber, a noção de *estádio do espelho*.

## A gênese do corpo

Ao comentar a reedição de sua tese, em 1975, Lacan dirá que resistiu durante tanto tempo à sua republicação "porque a psicose paranoica e a personalidade não têm relações devido à simples razão de que são a mesma coisa".[12] Esta afirmação inusitada era, no entanto, a consequência necessária de um movimento de reconfiguração das relações entre normal e patológico iniciado pela própria tese. Movimento que levará Lacan a mostrar como a constituição do Eu do homem moderno, com suas exigências de individualidade e autonomia, coloca em funcionamento uma dinâmica de identificações e de desconhecimento própria à paranoia. Daí a cura vai estar ligada, em Lacan, a uma certa *dissolução do Eu*, a uma "experiência no limite da despersonalização"[13] muito próxima de um dos temas preferidos da vanguarda modernista. Essa exposição do caráter "paranoico" do Eu pode ser encontrada no que Lacan chama de estádio do espelho.

O estádio do espelho visa a demonstrar como a formação do Eu depende fundamentalmente de um processo ligado à constituição da imagem do corpo próprio. Nos

---

[12] Jacques Lacan, *Séminaire XXIII* (Paris: Seuil, 2005, p. 53).
[13] Jacques Lacan, *Séminaire I* (Paris: Seuil, 1980, p. 258).

primeiros meses de vida de uma criança, não há nada parecido a um Eu com suas funções de individualização e de síntese da experiência. Essa inexistência do Eu como instância de autorreferência seria o resultado de uma *prematuração fundamental* do bebê advinda, por exemplo, da incompletude anatômica do cérebro com seu sistema piramidal e a consequente inexistência de um centro funcional capaz de coordenar tanto a motricidade voluntária quanto as experiências sensoriais. Na verdade, falta ao bebê o esquema mental de unidade do corpo próprio que lhe permita constituir seu corpo como totalidade, assim como operar distinções entre interno e externo, entre individualidade e alteridade.

É só entre o sexto e o décimo oitavo mês de vida que tal esquema mental será desenvolvido. Para tanto, faz-se necessário o reconhecimento de si na imagem especular ou a identificação com a imagem de um outro bebê. Pois ao reconhecer pela primeira vez sua imagem no espelho, a criança tem uma apreensão global e unificada de seu corpo. Dessa forma, essa unidade do corpo será primeiramente visual. Uma unidade da imagem que antecipará a descoordenação orgânica e que, por isso, *induzirá o desenvolvimento do bebê*.

Lacan encontra uma prova desse caráter indutor da imagem em relação ao comportamento através da apropriação de certas considerações sobre a biologia animal. Pois haveria uma correlação entre comportamento animal e comportamento humano no que diz respeito à relação com a imagem. Biólogos como Leonard Harrison Matthews (1901-1986) e Rémy Chauvin (1913-2009) demonstraram que, no reino animal, a simples presença de imagens acarreta modificações anatômicas e fisiológicas profundas. Por exemplo, Chauvin, em 1941, provou que a passagem do estágio solitário para o estágio gregário no gafanhoto migratório só poderia ser feita através da percepção da imagem de um gafanhoto adulto, que serve aqui como *tipo*: representante da espécie para o indivíduo, imagem que tem o valor de *ideal*. O que demonstraria como uma imagem pode regular o desenvolvimento dos indivíduos através de um processo de formação que é conformação à espécie.

No caso humano, a imagem ideal poderia induzir o desenvolvimento por ser modo de entrada em uma trama sociossimbólica. A imagem do irmão, do pai, da mãe são partes de um drama, contração de toda uma história normalmente ligada à estrutura familiar. Ou seja, seu valor vem de ela articular-se a um núcleo social no qual o sujeito procura se inserir. Lembremos, por exemplo, desta descrição de Santo Agostinho, tão utilizada por Lacan, a respeito do ciúme infantil: "Vi e observei", dirá Agostinho, "uma criança cheia de inveja (*invidia*), que ainda não falava e já olhava, pálida, de rosto colérico, para o irmãozinho de colo".[14] O que mobiliza a inveja em relação à imagem do irmão de colo é a percepção de que ela indica o lugar no qual se encontra o desejo da mãe, lugar que exclui o sujeito, mas cujo reconhecimento o constitui como objeto de amor.

Dessa forma, a imagem aparece como dispositivo fundamental de socialização e individuação. Por outro lado, essa teoria da formação da imagem do corpo próprio acaba por desempenhar a função anteriormente dada por Lacan à descrição da gênese social da personalidade.

Mas notemos principalmente como essa teoria da gênese do Eu através da imagem do corpo é, no fundo,

---

[14] Santo Agostinho, *Confissões* (Petrópolis: Vozes, 1993, I. 7).

a descrição do Eu como lugar privilegiado de alienação. Lacan quer mostrar como a formação do Eu só se daria por identificações: processos através dos quais o bebê introjeta uma imagem que vem de fora e que é oferecida por um Outro. Assim, para orientar-se no pensar e no agir, para aprender a desejar, para ter um lugar na estrutura familiar, o bebê inicialmente precisa raciocinar por analogia, imitar uma imagem na posição de tipo ideal adotando, assim, a perspectiva de um outro. Tais operações de imitação não são importantes apenas para a orientação das funções cognitivas, mas têm valor fundamental na constituição e no desenvolvimento subsequente do Eu em outros momentos da vida madura. O que levava Lacan a afirmar que "nada separa o eu de suas formas ideais" absorvidas no seio da vida social. Pois: "o eu é um objeto feito como uma cebola, podemos descascá-lo e encontraremos as identificações sucessivas que o constituíram".[15] O que nos lembra que não há nada de *próprio* na imagem do si. Experiências de estranhamento diante de imagens do corpo próprio em fotografias e espelhos seriam manifestações fenomenológicas exemplares dessa natureza alienante da imagem de si. Fantasmas de despedaçamento do corpo, algo tão comum em crianças com menos de 5 anos, nos fornecem outro exemplo da precariedade do enraizamento da imagem corporal.

Nesse sentido, Lacan pode falar da constituição paranoica da própria gênese do Eu, pois se trata de mostrar como a autonomia e a individualidade, atributos essenciais à noção moderna de Eu, são apenas figuras do desconhecimento em relação a uma dependência

---

[15] Jacques Lacan, *Séminaire I*, p. 194.

constitutiva ao outro. Acreditamos que nosso Eu é o centro de nossa autonomia e autoidentidade. No entanto, sua gênese demonstra como, nas palavras de Rimbaud, "Eu é um outro". Daí a noção, central em Lacan, de que a verdadeira função do Eu não está ligada à síntese psíquica ou à síntese das representações, mas ao desconhecimento de sua própria gênese e à projeção de esquemas mentais no mundo.

## O Imaginário e a construção do mundo

Esse último ponto pode nos explicar melhor o que Lacan entende por Imaginário: uma das três instâncias, juntamente com o Simbólico e o Real, que dão conta do campo possível de experiências subjetivas.

*Grosso modo*, podemos dizer que o Imaginário é aquilo que o homem tem em comum com o comportamento animal. Trata-se de um conjunto de imagens ideais que guiam tanto o desenvolvimento da personalidade do indivíduo quanto sua *relação com seu meio ambiente próprio*.

Mas o que pode significar dizer que há um conjunto de imagens que guiam a relação do indivíduo com seu meio ambiente? Lembremos inicialmente que, para a psicanálise, os processos perceptivos e cognitivos não são "neutros", mas dependem do sistema de interesses que temos em relação ao mundo. Isso implica admitir que o desejo é a função intencional determinante na interação do sujeito com seu meio ambiente.

Uma colocação dessa natureza parece implicar um relativismo e um psicologismo extremos que nos levariam a afirmar ser o mundo nada mais do que aquilo projetado pelo desejo particularista do sujeito. Relativismo aparentemente presente quando Lacan diz que o homem só encontra em seu meio ambiente imagens das coisas que ele próprio projetou: "É sempre em volta da sombra errante do seu próprio eu que se estruturarão todos os objetos do seu mundo [assim como sua percepção dos outros empíricos]. Eles terão um caráter fundamentalmente antropomórfico, digamos mesmo egomórfico".[16] O que explica por que o Imaginário em Lacan é fundamentalmente *narcísico*.

Proposições dessa natureza parecem dificilmente defensáveis por não explicarem como podemos ter "mundos em comum" cuja objetividade é socialmente reconhecida. No entanto, lembremos que, com sua teoria da constituição do Eu, Lacan demonstrou como é a partir da imagem do outro que oriento meu desejo e minha relação ao mundo social. A imagem mostra como "o desejo do homem é o desejo do outro". Assim, não se trata simplesmente da projeção do Eu sobre o mundo dos objetos, já que *a imagem do outro é a perspectiva de apreensão dos objetos*. O mundo dos objetos já é sempre constituído através da perspectiva fornecida pelo desejo do outro, um desejo que não posso reconhecer como alteridade no interior do si mesmo. Impossibilidade que se manifesta na perpetuação de estruturas de agressividade e de exclusão em relação à alteridade, isso devido às mesmas razões que vimos na descrição do caso de paranoia no capítulo anterior. Resta ainda mostrar como este outro pode se articular a uma estrutura global do meio social.

### A cura pelo desejo

Com a teoria do Imaginário e da "estrutura paranoica do Eu", resultante da compreensão dos processos

---

[16] Jacques Lacan, *Séminaire II* (Paris: Seuil, 1982, p. 198).

de socialização como processos de alienação, Lacan precisa reconstruir o que pode ser uma cura psicanalítica. Ela não poderá ser nenhuma forma de readaptação do Eu à realidade social, a qual lhe permitiria assumir, de maneira menos conflituosa, ideais e papéis sociais, já que isso significaria reforçar um processo constitutivo de alienação.

Nesse sentido, *a clínica lacaniana só poderá ser uma certa forma de crítica da alienação.* Proposição que nos leva diretamente a um problema, uma vez que quem diz alienação diz perda de uma essência. Mas se o Eu é o resultado de um processo social de identificação, então só posso falar em alienação de si se aceitar a existência de algo, no interior do si mesmo, que não é um Eu, que é uma certa essência recalcada pelo advento do Eu. Digamos que é neste si mesmo estranho ao Eu, um si mesmo que Lacan chama de "sujeito", que encontraremos *o desejo*. A esse respeito, Lacan chega a criar uma dualidade entre *moi* (o Eu produzido pela imagem do corpo) e *Je* (o sujeito do desejo), a fim de falar da: "discordância primordial entre Eu [*moi*] e o ser [do sujeito]".[17] Essa discordância entre o Eu e o sujeito do desejo é fundamental. É por isso que o sujeito em Lacan é irremediavelmente *descentrado*, ou seja, ele nunca se confunde com o Eu.

Por sua vez, o conceito lacaniano de desejo virá de Alexandre Kojève. Podemos dizer que, para Kojève, a verdade do desejo era ser *pura negatividade* que desconhece satisfação com objetos empíricos. "Revelação de um vazio",[18] manifestação do negativo no sujeito, o desejo

---

[17] Jacques Lacan, *Escritos* (Rio de Janeiro: Zahar, 1996, p. 188).
[18] Alexandre Kojève, *Introdução à leitura de Hegel* (Rio de Janeiro: Contraponto, 2002, p. 12).

seria "nada de nomeável".[19] Daí Kojève insistir que *o desejo humano não deseja objetos, ele deseja desejos*, ele só se satisfaz ao encontrar outra negatividade. A este desejo que sempre se manifesta como *inadequação* em relação a todo objeto, Lacan dará o nome de "desejo puro".

De fato, Kojève foi, ao menos neste ponto, fiel à intuição hegeliana de insistir que a primeira manifestação da subjetividade é uma pura negatividade que aparece inicialmente como desejo. Ao articular desejo e negatividade, Hegel vincula-se a uma longa tradição que remonta a Platão e compreende o desejo como manifestação da falta.[20] No entanto, já em Hegel essa falta não é falta de algum objeto específico, falta vinculada à pressão de alguma necessidade vital, tanto que o consumo do objeto não leva à satisfação. A falta é aqui *um modo de ser do sujeito*, o que levará Lacan a falar do desejo como uma "falta-a-ser". Um modo de ser que demonstra essa indeterminação fundamental do sujeito moderno, essa liberdade manifestada pela ausência de essência positiva que faz com que ele nunca tenha correlação natural com atributos físicos, nunca seja completamente adequado às suas representações, imagens e papéis sociais. É pensando nisso que o jovem Hegel chamará o homem de "a noite do mundo".

Atualmente, há várias críticas que visam a essa concepção lacaniana do desejo como negatividade. Uma das mais conhecidas vem de Gilles Deleuze (1925-1995), para quem tal noção de desejo seria, no fundo, a tentativa de implementação clínica de uma espécie de

---

[19] Jacques Lacan, *Séminaire II*, p. 261.
[20] Sobre este ponto, ver "Hegel e o trabalho do desejo", em Vladimir Safatle, *A paixão do negativo* (São Paulo: Unesp, 2006).

teologia negativa que só poderia produzir uma certa moral da resignação infinita, uma retórica da perpetuação da falta, da finitude absoluta. Pois, segundo Deleuze, "não falta nada ao desejo, não há objeto que lhe falte".[21] Ele é, antes, a manifestação produtiva de uma vida em expansão. No entanto, questionamentos dessa natureza são falhos por ignorarem que a negatividade do desejo lacaniano visa, entre outras coisas, a criticar o caráter normativo de toda tentativa de construir relações de identidade imediata entre o desejo e seus objetos. Normatividade a respeito da qual não conseguimos escapar quando afirmamos nada faltar ao desejo. Não é a "finitude" que interessa a Lacan, mas a noção de que há algo no sujeito que só se manifesta de maneira negativa, como se a negatividade trouxesse uma forma de presença daquilo que desconhece imagem.

## Crítica e clínica

Notemos, finalmente, como funcionará esta clínica baseada em uma crítica da alienação do Eu na imagem e na defesa do caráter negativo do desejo. Ela será fundamentalmente uma *clínica do reconhecimento intersubjetivo do desejo*. "Intersubjetivo" porque se trata de levar o sujeito a ter seu desejo reconhecido no interior de um campo social partilhado. Dentro dessa perspectiva, as patologias mentais aparecerão como *déficits de reconhecimento*. Mesmo os sintomas serão compreendidos como formações que procuram veicular uma demanda de reconhecimento do desejo lá onde o acesso à palavra mostrou-se impossível.

---

[21] Gilles Deleuze e Félix Guattari, *L'Anti-Œdipe* (Paris: Minuit, 1969, p. 34).

Assim, quando Lacan afirmar, no início da década de 1960, que a clínica analítica é direcionada pela injunção ética de levar o sujeito a *não ceder em seu desejo,* devemos compreender o que quer dizer exatamente "seu desejo" neste contexto. Não se trata de um conjunto de escolhas pessoais ou de modos particulares de conduta. Desde que se admite que o desejo do homem é o desejo do outro, a dimensão da individualidade entra em colapso. Nesse sentido, não ceder em seu desejo significa apenas sustentar o que o desejo é em sua verdade essencial, ou seja, levá-lo a ser reconhecido como a pura presença do negativo.

Tudo isso soa bastante abstrato, mas já podemos fornecer algumas coordenadas clínicas esclarecedoras. Primeiro, sabemos que a clínica analítica, por ser uma clínica do reconhecimento, é radicalmente desmedicalizada, isso no sentido de que a medicalização, embora possa ser aceita como processo que em certos casos permite viabilizar o início do tratamento, não se confunde com o tratamento. Nesse sentido, a clínica opera fundamentalmente com a reorientação da palavra do sujeito. Mas: "a linguagem, antes de significar algo, significa para alguém".[22] Isto quer dizer: toda fala tem um endereçamento; sua entonação, seu estilo (reivindicativo, passivo, questionador, mortificado etc.), indicam como ela é direcionada à imagem de um certo outro que sempre trago comigo. A fala já traz a figura de seu ouvinte *ideal*. Se o analista atuar como um *espelho vazio,* ou seja, como alguém que não "responde", mas que, graças a um não agir calculado, apenas permite a projeção dessas imagens no interior da relação analítica, então a análise poderá começar.

---

[22] Jacques Lacan, *Escritos*, p. 86.

O trabalho analítico consistirá em levar o sujeito a apreender essas imagens, atualizadas pela relação analítica, que determinam sua relação ao mundo e a si mesmo. Como tais imagens são contrações de tramas sociossimbólicas nas quais o sujeito se inseriu ao socializar seu desejo, sua apreensão será uma: "assunção falada de sua história"[23] ou, se quisermos, uma certa forma de rememoração da "história natural das formas de captura do desejo".[24]

No entanto, não se trata apenas de rememorar, mas mostrar como tais imagens, às quais o sujeito se vinculou, eram a maneira desesperada de dar forma a um desejo fundamentalmente opaco e desprovido de objeto, maneira de se defender dessa indeterminação angustiante fundamental que faz com que todo vínculo à imagem seja frágil. Ou seja, essa análise, longe de resultar em uma ampliação da capacidade de síntese do Eu, é solidária a uma operação de dissolução do mundo dos objetos imaginários do desejo, a qual deve ser chamada de "subjetivação da falta". Neste contexto, "subjetivação" significa: transformar algo em modo de manifestação de um sujeito. Resta saber como transformar a falta em modo de manifestação do sujeito, ou ainda, como reconhecer a si mesmo naquilo que não se conforma à imagem.

---

[23] Jacques Lacan, *Séminaire I*, p. 312.
[24] Jacques Lacan, *Escritos*, p. 359.

Capítulo III
# Histórias de estruturas

No início dos anos 1950, Lacan começa a ser visto como um dos nomes mais importantes da psicanálise francesa. Seus seminários, a princípio realizados na casa de sua segunda mulher, logo precisam ser transferidos para o anfiteatro do Hospital Saint-Anne, devido a um público cada vez mais crescente. Em 1953, ocorre uma cisão na Sociedade Psicanalítica de Paris (SPP) e é criada a Sociedade Francesa de Psicanálise (SFP), à qual Lacan rapidamente se integra. Essa cisão lhe permite colocar-se na linha de frente da reelaboração do pensamento freudiano, já que virá a ser uma figura maior da Sociedade nascente. Não é por outra razão que a conferência inaugural da nova Sociedade ("O simbólico, o imaginário e o real"), ministrada pelo próprio Lacan, será uma exposição programática de reconstrução da teoria freudiana, que abria as portas da psicanálise a uma noção de inconsciente relativamente inédita. Noção que será o cerne de outro texto maior apresentado no mesmo ano: "Função e campo da fala e da linguagem em Psicanálise". Não é por outra razão também que, em 1953, começam "oficialmente" os seminários: o verdadeiro espaço de elaboração e transmissão da experiência intelectual lacaniana.[25]

## Inconsciente, linguagem e ordem simbólica

A partir de 1953, Lacan pode então "retornar a Freud" e trabalhar nesse retorno durante os dez anos seguintes. No fundo, esse foi o *slogan* encontrado por ele para definir o momento de integração do conceito de inconsciente à sua teoria. Até então, toda a estrutura da causalidade psíquica tinha sido descrita através da relação do sujeito com imagens ordenadoras de processos de socialização, as quais poderiam ser conscientemente apreendidas no interior da análise. Mas, a partir desse momento, Lacan retornará ao conceito freudiano fundamental. Retorno peculiar, pois este inconsciente *não virá de Freud*. Virá do estruturalismo.

Nascido como um programa interdisciplinar que visava a redefinir o parâmetro de racionalidade e os métodos das ciências humanas, o estruturalismo foi um movimento intelectual hegemônico na França durante os anos 1950 e 1960, articulando os campos da antropologia (Claude Lévi-Strauss, Georges Dumézil), linguística (Roman Jakobson, Émile Benveniste), crítica literária (Roland Barthes), reflexão filosófica (Louis Althusser e o Michel Foucault de *As palavras e as coisas*) e psicanálise (Lacan).[26]

---

[25] Na verdade, os seminários começam dois anos antes, com sessões dedicadas à análise do caso Dora e do caso do Homem dos Lobos. No entanto, os registros desses dois primeiros seminários são esparsos e não estão destinados à publicação.

[26] Sobre o estruturalismo, ler: Jean-Claude Milner, *Le Périple structural* (Paris: Seuil, 2001) e, sobretudo, Gilles Deleuze, "*Em que se pode reconhecer o Estruturalismo?*", em François Châtelet (Org.), *História da filosofia: ideias, doutrinas* (Rio de Janeiro: Zahar, 1974, v. 8).

A filiação lacaniana ao estruturalismo será, no entanto, absolutamente singular, pois Lacan procurará, através dela, resolver problemas sobre o reconhecimento do sujeito que nada têm a ver com o quadro estruturalista.

*Grosso modo*, podemos dizer que o fundamento do estruturalismo consiste em mostrar como o verdadeiro objeto das ciências humanas não é o homem enquanto centro intencional da ação e produtor do sentido, mas as estruturas sociais que lhe determinam. Pensamento, em larga medida, determinista, ele pode chegar a afirmar que o sujeito é uma construção ideológica (Althusser), uma ilusão metafísica (Foucault), já que, em última instância, ele não seria *agente*, mas apenas *suporte* de estruturas que agem em seu lugar. Como se, por exemplo, os sujeitos não falassem, mas fossem falados pela linguagem, como se eles não agissem, mas "fossem agidos" pelas estruturas sociais. Posição que levou Lévi-Strauss (1908-2009) a afirmar:

> Não pretendemos mostrar como os homens pensam nos mitos [ou através das estruturas, o que, neste contexto, é a mesma coisa], mas como os mitos se pensam nos homens, e à sua revelia. E, como sugerimos, talvez convenha ir ainda mais longe, abstraindo todo sujeito para considerar que, de um certo modo, os mitos se pensam entre si.[27]

Dizer que os mitos sociais se pensam nos homens *sem que estes o saibam* é uma proposição absolutamente central. Pois se trata de afirmar que as estruturas sociais são autônomas e inconscientes em relação à vontade individual.

A fim de melhor compreender esse ponto, lembremos o que significa "estrutura social" neste contexto. O estruturalismo trouxe uma teoria da sociedade que

---

[27] Claude Lévi-Strauss, *O cru e o cozido* (São Paulo: Cosac Naify, 2004, p. 31).

transformava a linguagem no *fato social central*. Processos como: trocas matrimoniais, modos de determinação de valor de mercadorias, organização do núcleo familiar, articulação de mitos socialmente partilhados seriam todos *estruturados como uma linguagem*, até porque a linguagem é, antes de mais nada, um modo de organização, de construção de relações, de identidades e de diferenças. Nesse sentido, ela fornece *a condição de possibilidade* para a estruturação de toda e qualquer experiência social.

Esse sistema linguístico que estrutura o campo da experiência é exatamente o que Lacan chama de Simbólico. A princípio, poderíamos aceitar que ele é inconsciente, pois, por exemplo, ao falar, os sujeitos não têm consciência da estrutura fonemática que determina seus usos da língua. Da mesma forma, quando um homem e uma mulher se casam, eles não têm consciência das leis de trocas matrimoniais que determinam suas escolhas. Na verdade, eles *reificam* um objeto cujo valor viria simplesmente do lugar por ele ocupado no interior de uma estrutura articulada. Ou seja, eles acreditam que o valor vem do objeto, quando na verdade ele vem da estrutura. Tudo se passa assim como se as relações com o outro, como se as ações ordinárias escondessem as mediações das estruturas sociolinguísticas que determinam a conduta e os processos de produção de sentido. Tal ilusão nos faria nos esquecer de que temos relações com a estrutura *antes* de termos relações com outros empíricos. Como se *a verdadeira relação intersubjetiva fosse entre o sujeito e a estrutura, e não entre o sujeito e os outros empíricos.* Daí Lacan fazer distinção entre as "relações autenticamente intersubjetivas" (que ocorrem na confrontação entre sujeito e estrutura) e a intersubjetividade imaginária própria à relação entre o sujeito e o outro.

No entanto, sempre posso dizer que utilizar o termo "inconsciente" para descrever essa relação do sujeito com aquilo que determina seu agir e pensar não é exatamente adequado. É verdade que, quando falamos, não temos consciência das leis sintáticas e morfológicas da língua. Mas posso sempre *de direito* tomar consciência, objetivar tais leis.

Eis um giro de perspectiva vão, dirá o estruturalista. Pois mesmo as modalidades de apreensão subjetiva da ação da estrutura são determinadas pela própria estrutura. O sujeito pode objetivar a estrutura que determina seu pensamento e falar dela em um discurso da terceira pessoa, como se fosse um Outro. Mas ele não pode objetivá-la a partir de uma perspectiva que não seja determinada por este próprio Outro.[28] Mesmo o modo de tomar distância das leis que me condicionam já está marcado por essas mesmas leis.

O que interessa a Lacan é exatamente tal noção de inconsciente como sistema de regras, normas e leis que determinam a forma geral do pensável. Ela estará presente na famosa afirmação: "o inconsciente é estruturado como uma linguagem", o que, no fundo, pode ser simplesmente traduzido como: *o inconsciente é a linguagem* (enquanto ordem que organiza previamente o campo de toda experiência possível).

---

[28] Aqui já podemos compreender a diferença lacaniana crucial entre "outro" e "Outro". Os "outros" são fundamentalmente outros empíricos que vejo diante de mim em todo processo de interação social. Já o "Outro" é o sistema estrutural de leis que organizam previamente a maneira como o "outro" pode aparecer para mim. O primeiro diz respeito aos fenômenos, o segundo, à estrutura. Como vemos, o primeiro está submetido ao segundo, o que nos explica como outro pode se articular a uma estrutura global do meio social. O Outro pode, no entanto, ser representado por uma figura empírica, a qual, por sua vez, representa a Lei. Daí porque Lacan falará, por exemplo, do Outro paterno.

Isso permite a Lacan livrar-se de uma noção psicológica de inconsciente. Pois o inconsciente lacaniano não estará ligado a fatos psicológicos como: a memória, a atenção, a sensação ou à intencionalidade em geral. Lacan sabe que os chamados conteúdos mentais inconscientes (conteúdos latentes de sonhos, crenças não conscientes, acontecimentos traumáticos denegados, lembranças esquecidas, sentimentos latentes etc.) não podem ser realmente inconscientes. Como são resultantes de um processo de recalcamento, chega-se rapidamente a um certo paradoxo: para que haja recalcamento é necessária uma consciência prévia do recalcado, já que o agente do recalcamento não é outro que a própria consciência. Por isso, o que normalmente chamamos de "conteúdos mentais inconscientes" deve ser compreendido como conteúdos mentais pré-conscientes, ou seja, conteúdos mentais momentaneamente fora do acesso da consciência, esquecidos, mas que podem ser reintegrados através de processos de rememoração e de simbolização. Pois o inconsciente não tem conteúdos mentais. Na verdade, ele é vazio, já que todo *conteúdo* do pensamento é, de uma forma ou outra, acessível à consciência.

No entanto, é fácil perceber que essa noção de inconsciente como ordem sociossimbólica parece demasiado genérica para dar conta da maneira particular com que sintomas, sonhos, lapsos, atos falhos e tudo aquilo que chamamos de "formações do inconsciente" são constituídos. Como explicar que sujeitos submetidos ao mesmo sistema de leis possam ter formações do inconsciente tão distintas e intraduzíveis entre si? Precisamos explicar, por exemplo, como nossos sonhos parecem normalmente seguir uma espécie de gramática privatizada, modo particular de organização. Pois não se trata apenas de dizer que o conteúdo semântico dos sonhos é particular. Também sua forma sintática, seu regime de construção, segue regras particulares. Isso faz com que o analista nunca saiba de antemão o que um sonho significa. Não há um "dicionário universal dos sonhos", pois, no interior da análise, o analista precisa descobrir a gramática particular através da qual o sujeito constrói o significado, deforma, condensa, desloca, transpõe em imagens, enfim, relaciona elementos oníricos. Uma gramática particular que Lacan chamará um dia de "alíngua" (*lalangue*).

Para dar conta desse modo particular de inflexão de uma estrutura genérica, Lacan precisará de um dispositivo suplementar. Na verdade, esta será a função do conceito de fantasma (*fantasme* – que alguns traduzem por "fantasia"). Através dele, Lacan pode explicar como um sistema de leis socialmente partilhado produz modos particulares de socialização e significação do desejo. Veremos essa questão no próximo capítulo.

## Desejar a Lei, desejar estruturas

Aqui, faz-se necessário esclarecer um ponto: como essa noção estruturalista de inconsciente enquanto sistema de regras, normas e leis pode resolver o problema clínico que havia ficado em aberto no capítulo anterior, a saber: como reconhecer um desejo fundamentalmente negativo e desprovido de objeto? Vimos como a clínica lacaniana aparecia como uma espécie de crítica da alienação do Eu, que visava abrir espaço para o reconhecimento do desejo. No entanto, o que pode exatamente significar "abrir espaço para o reconhecimento" de um desejo que é pura negatividade? Significaria descobrir que o desejo é indiferente aos objetos aos quais ele se fixa, que sua natureza consiste em mudar continuamente de objeto? Significaria dizer que o desejo destrói todos os seus objetos, como se sua verdade fosse ser puro desejo de destruição e morte? É neste ponto que o recurso à noção de estrutura mostra sua importância.

Lacan insiste que a Lei social que estrutura o universo simbólico não é uma lei normativa no sentido forte do termo, ou seja, uma lei que enuncia claramente o que devo fazer e quais condições devo preencher para segui-la. Esta é uma questão central que costuma gerar confusões. A Lei simplesmente organiza distinções e oposições que, em si, não teriam sentido algum. Assim, por exemplo, a Lei da estrutura de parentesco pode determinar topicamente vários lugares, como "filho de...", "pai de...", "cunhada de...", mas esses lugares não têm em si nenhuma significação normativa, nenhuma referência estável. Por isso, nunca sei claramente o que significa, por exemplo, ser "pai de...", mesmo tendo consciência de que ocupo atualmente tal lugar. Só posso saber o que um pai é, o que devo fazer para assumir a autoridade e enunciar a norma à condição de acreditar em uma certa impostura. É essa ausência de conteúdo que Lacan tem em vista ao afirmar que a Lei sociossimbólica é composta por significantes puros, que ela é uma "cadeia de significantes".

A definição clássica de signo insiste que ele é formado por duas entidades: o significante e o significado. Sendo o significado o conceito, ou seja, aquilo que, de uma forma ou outra, preenche expectativas de acesso à referência extralinguística, um significante puro será um suporte material da língua que não tem significado, que não denota referência alguma, como uma palavra que é pura presença do que não se determina. A reviravolta de Lacan consistirá em dizer que esse significante puro, desprovido de referência, é a formalização mais adequada para um desejo que, por sua vez, é negatividade desprovida de objeto. Pois só um significante puro pode dar forma a um desejo que é fundamentalmente inadequado a toda figuração. Ou seja, a crítica da alienação a que se propõe Lacan deve se realizar através do desvelamento de que a verdade do desejo do sujeito é ser *desejo da Lei,* isso nos dois sentidos do genitivo: desejo enunciado no lugar da Lei e desejo pelo significante puro da Lei.

Assim, para Lacan, um processo fundamental ocorre quando o sujeito deixa de desejar objetos para desejar a Lei que os constitui. Nesse sentido, diremos que uma proposição antilacaniana por excelência foi enunciada pela heroína de um filme de Lars von Trier, intitulado *Ondas do Destino* (*Breaking the waves*). Nele, a protagonista Bess McNeil, em uma interpelação contra um pastor, afirma: "Eu não sei amar uma palavra, só sei amar pessoas". Para Lacan, ao contrário, há uma modificação profunda no desejo quando descobrimos que uma pessoa é, no fundo, uma palavra encarnada. Pois ser uma palavra encarnada significa mostrar em seu corpo o fundo opaco do ser que toda verdadeira palavra é capaz de trazer à luz.

## O que é isto, um pai?

Afirmar que a verdade do desejo é ser desejo da Lei pode parecer, no entanto, uma maneira astuta de regular o desejo a partir de uma Lei social universalizante e repressiva em relação ao desejo, já que, para nós, a Lei é algo que restringe, algo que impõe um "dever ser". Tal impressão fica ainda mais forte se lembrarmos que os representantes lacanianos privilegiados da Lei social são a função paterna (ou o Nome-do-Pai enquanto função ordenadora do núcleo familiar) e o falo (enquanto função ordenadora dos modos de constituição da sexualidade). Ou seja, não é difícil imaginar estarmos diante de uma clínica "falocêntrica" (como enfatizava Derrida), por insistir que o desejo só poderia ser reconhecido se regulado ao falo – a uma organização genital da sexualidade que submete o prazer polimórfico ao prazer genital – e se socializado através da lógica própria a estruturas familiares patriarcais. Uma dependência historicamente equivocada, já que teríamos entrado na era de uma sociedade "pós-edípica", onde a função paterna não seria mais o núcleo em torno do qual se organizaria a vida familiar.

No entanto, nada disso diz respeito ao que Lacan tem em vista. A fim de compreender este ponto, lembremos que, por ser uma prática baseada no uso da palavra, a psicanálise depende da capacidade de simbolizar desejos e situações que até então não teriam encontrado lugar como representação da consciência. Essa função simbolizadora é o cerne do que está em jogo nos processos de interpretação. No entanto, Lacan insiste que tal simbolização não deve apenas completar uma história subjetiva, cujos capítulos traumáticos foram censurados e posteriormente escritos na gramática privatizada dos sintomas. A simbolização deve levar o sujeito a se reconhecer lá onde o desejo está sempre *em falta* em relação aos objetos e representações, ela deve permitir uma subjetivação da falta-a-ser do desejo. Mas, segundo Lacan, isto só é possível reforçando a identificação do sujeito ao Nome-do-Pai e demonstrando como seu desejo é regulado pelo falo.

Vimos como Lacan, desde a época em que estava à procura da gênese social da personalidade, trabalhava com um esquema em que as dinâmicas de socialização eram pensadas a partir de identificações. A principal dessas identificações se daria com o pai. No entanto, Lacan parte de uma consideração de ordem histórica, ele pensa o problema da função paterna em uma época marcada exatamente por uma crise psicológica produzida pelo "declínio social da imago paterna". Época na qual a imagem do pai é: "sempre carente, ausente, humilhada, dividida ou postiça".[29]

Várias razões podem ser aventadas para tal declínio. Para Lacan, trata-se de um paradoxo interno à família burguesa. Pois o pai da família burguesa não é apenas o ideal que fornece as referências da minha conduta e do meu modo de desejar. No caso masculino, ele é também o rival na posse do objeto materno. Por um lado, há uma relação assimétrica de idealização; por outro, há uma relação simétrica de rivalidade. Por isso, converge para o pai a *função simbólica* de representante da Lei, que responde pela normalização sexual e que será internalizada através do Ideal do Eu, e a *característica imaginária* do pai enquanto rival na posse do objeto materno, rivalidade introjetada através do supereu repressivo. Exatamente para impedir tal sobreposição, em várias sociedades o pai não é o responsável pelo acesso à função simbólica, mas o avô, o irmão da mãe etc.

Assim, devido a uma razão estrutural própria aos modos de socialização hegemônicos na modernidade, o pai nunca está à altura de sua função simbólica. Quer dizer, ninguém na efetividade pode realizar a função

---

[29] Jacques Lacan, *Outros escritos* (Rio de Janeiro: Zahar, 2003, p. 67).

simbólica do pai e colocar-se como encarnação do Ideal do Eu: "O pai simbólico não está em lugar algum, ele não intervém em lugar algum".[30] No entanto, a astúcia consiste em dizer que *apenas nesta condição* podemos levar o sujeito a reforçar a identificação com a função paterna. Pois essa função não é outra coisa que a formalização da impossibilidade de toda e qualquer figura empírica legislar em Nome-do-Pai. Ou seja, não se trata de levar o sujeito a se identificar com a imagem do pai, mas com uma função sem potência normativa, função que apenas dá forma à inadequação radical do desejo humano. Daí porque: "O Nome-do-Pai é apresentado como o nome de uma falha".[31] Tudo se passa como se o declínio da imago paterna, a crise de investiduras em relação à autoridade, fosse condição sócio-histórica para o reconhecimento do desejo em sua inadequação. Como se o verdadeiro pai não fosse aquele que impõe uma norma a ser seguida, mas aquele que, por se calar diante das questões fundamentais da existência de todo sujeito, permite que um espaço de indeterminação se abra.

Talvez essa verdadeira inversão dialética, que transforma o fracasso da autoridade paterna em sucesso de socialização do desejo, possa nos explicar por que Lacan intitulará um de seus últimos seminários (1973-1974) *Les non dupes errent* (Os não tolos erram), jogando assim com a homofonia entre essa frase e o francês *Le Nom-du-Père*. A ideia consiste em afirmar que a socialização do desejo é solidária de um deixar-se enganar, de um identificar-se com o pai na esperança de, com isso, aprender a desejar, saber qual objeto é adequado ao gozo. Experiência cujo

---

[30] Jacques Lacan, *Séminaire IV* (Paris: Seuil, 1994, p. 210).

[31] Erik Porge, *Les noms du père chez Jacques Lacan* (Paris: Érès, 2013, p. 105).

saldo verdadeiro é uma espécie de decepção formadora, já que é uma formação que visa a um certo saber-fazer a respeito da inadequação do desejo. Daí por que: "a psicanálise, ao ser bem-sucedida, prova que se pode perfeitamente livrar-se do Nome-do-Pai, à condição de saber dele se servir".[32]

Esta natureza do pai como formalização da inadequação entre o desejo, os objetos empíricos e as representações imaginárias é tão central que ela organizará as distinções lacanianas entre neurose e psicose. Resumidamente, a psicose será vista como o resultado de um *fracasso do processo de socialização* resultante da foraclusão (*Verwerfung* – termo jurídico que indica tratar um fato como se ele nunca houvesse existido) dessa natureza eminentemente simbólica da função paterna. Por isso, as representações de pais de psicóticos são, ou desprovidas de qualquer carência ou fragilidade (como se não existisse diferença entre pai empírico e função paterna), ou simplesmente inexistentes, como no caso Aimée. Já nas neuroses, a natureza simbólica da função paterna é inscrita no campo da experiência. No entanto, ela é inscrita de maneira peculiar, já que o neurótico procura a todo momento negar o que ele mesmo inscreveu.

## A opacidade do sexual

A mesma dinâmica da simbolização da inadequação do desejo a objetos empíricos anima outro operador maior da clínica lacaniana: o falo. Vimos como essa clínica está fundamentalmente ligada a exigências de reconhecimento do desejo. No entanto, esse desejo está

---

[32] *Séminaire XXIII*, p. 136.

sempre ligado ao campo do sexual. Se perguntarmos de onde vem essa importância do sexual na determinação do desejo, uma das respostas possíveis consistirá em dizer que os processos de socialização estão organicamente vinculados à construção da sexualidade, à determinação de identidades sexuais. Ou seja, para Lacan, *a sexualidade é uma construção social*. Daí ele insistir que "homem" e "mulher" são, antes de mais nada, *significantes* cuja realidade é eminentemente sociolinguística. Nesse sentido, é absolutamente possível uma mulher (anatomicamente falando) ocupar uma posição masculina na sua relação ao desejo.

Proposições dessa natureza se prestam a vários mal-entendidos. Afinal, como é possível dizer que a sexualidade é uma construção social se há diferenças anatômicas evidentes que parecem naturalmente constituir dois sexos? E se ela é, de fato, uma construção social, por que falamos apenas em dois sexos? Por que não cinco? Por que não abandonar a distinção binária e pensar uma produção plástica de novas formas de sexualidade? Essa é uma questão, direcionada a Lacan, bem posta pelos estudos de gênero, em especial por Judith Butler (1956-).[33]

No entanto, dizer que a determinação da sexualidade se estabelece sem levar em conta a diferença anatômica dos sexos, como quer Lacan, não implica afirmar que tal diferença inexista. Não é exatamente a mesma coisa, por exemplo, um homem e uma mulher (anatomicamente falando) ocuparem a posição masculina. O que Lacan parece querer nos dizer é que tal diferença anatômica é *desprovida de sentido*, ela não é normativa por não ter força

---

[33] Ver Judith Butler, *Problemas de gênero* (Rio de Janeiro: Civilização Brasileira, 2003).

para determinar condutas, ou seja, ela é uma diferença pura. Isso significa dizer que, diante do sexual, sempre me vejo diante de algo irredutivelmente opaco e resistente a toda operação social de sentido. "A sexualidade", dirá Lacan, "é exatamente esse território onde não sabemos como nos situar a respeito do que é verdadeiro".[34]

Notemos este dado fundamental: as considerações clínicas lacanianas são solidárias de um tempo no qual as estruturas familiares perderam sua sustância normativa e no qual a sexualidade não é mais um campo claramente direcionado à teleologia da reprodução. Nesse contexto histórico de indeterminação, a socialização do desejo não pode simplesmente levar o sujeito a desempenhar papéis e identidades sexuais sem distância alguma, como se fosse questão de naturalizar o que é socialmente construído. Ao contrário, a socialização do desejo deve nos levar a confrontarmos tal opacidade. Esta é, em última instância, a função do falo.

É levando tais questões em conta que devemos entender por que Lacan define o falo como: "o significante fundamental através do qual o desejo do sujeito pode se fazer reconhecer".[35] Ou seja, o falo não é exatamente o pênis orgânico, ou algum signo de potência, mas um significante puro, uma diferença pura que organiza posições subjetivas (masculino/feminino) a partir da experiência de inadequação fundamental entre o desejo e as representações "naturais" da sexualidade. Nesse sentido, o falo é apenas: "um símbolo geral dessa margem que sempre me separa de meu desejo".[36]

---

[34] Jacques Lacan, *Mon enseignement* (Paris: Seuil, 2006, p. 32).
[35] Jacques Lacan, *Séminaire V* (Paris: Seuil, 1998, p. 273).
[36] Jacques Lacan, *Séminaire V*, p. 243.

## Um fragmento clínico

Um exemplo ilustrativo da maneira como Lacan pensa tal questão é fornecido por um fragmento de caso clínico que podemos encontrar em um de seus textos. Nesse relato, Lacan descreve um paciente neurótico obsessivo que conheceu na infância um jogo de destruição e desprezo da mãe em relação ao desejo do pai. Desprezar aqui significa afirmar que o pai não tem o que pode satisfazer o desejo da mãe. Esse paciente organizou seu desejo a partir da tentativa de ser aquilo que falta à mãe, o que o colocou na condição de também destruir e desprezar o que, nele, assemelha-se ao pai. Mas há aqui uma questão. Ele não é um psicótico, ou seja, ele não deixou de se identificar ao Nome-do-Pai. Isso significa que é a partir da identificação ao pai que o sujeito aprende a desejar. Assim, para satisfazer o desejo da mãe, ele deverá destruir esse desejo paterno com o qual ele próprio se identificou. O que leva a um impasse, já que ele só poderá desejar destruindo seu próprio desejo. Fato que, no seu caso, significa: sendo impotente.

De fato, ele é impotente com sua amante. Lacan relata então uma situação decisiva, na qual ele diz à amante que gostaria de vê-la tendo relações sexuais com outro homem. Nesse contexto, isso implica aceitar que ele só pode ocupar um lugar externo à relação amorosa. Na noite dessa confissão, sua amante tem um estranho sonho no qual ela tem um pênis e uma vagina. Mesmo tendo um pênis, ela quer ser penetrada. Ela acorda e conta o sonho ao amante. Os dois transam.

Como Lacan interpreta esse fragmento clínico? Segundo ele, trata-se de "mostrar ao paciente a função do falo no seu desejo". A esse respeito, vale a pena tecer algumas considerações preliminares sobre a teoria lacaniana das neuroses. Podemos mais ou menos dizer que, para a psicanálise, as neuroses (histeria, obsessão, fobia) são resultados de conflitos psíquicos ligados à impossibilidade do reconhecimento de exigências próprias à sexualidade. Através do recalcamento de tais exigências e expectativas de satisfação, abre-se o espaço para a criação de sintomas, de inibições e de angústias que nada mais são que modos de manifestação de conflitos recalcados.

Podemos dizer que Lacan parte desse esquema geral para afirmar que o recalcamento produzido na dimensão do sexual não diz respeito a alguma forma de satisfação libidinal irrestrita impossibilitada por obrigações de convívio social. Trata-se do recalcamento da negatividade constitutiva de toda manifestação do desejo, dessa falta-a-ser a respeito da qual Lacan tanto insiste e que o falo permitiria formalizar.

No caso do paciente neurótico obsessivo, a impossibilidade do reconhecimento da falta-a-ser vem do fato de o Outro aparecer como ignorando aquilo que Lacan chama de "castração". Aqui, castração não significa a ameaça de perda do pênis devido à rivalidade com o pai no interior do conflito edípico (como no caso de Freud), mas a realidade simbólica de que nenhum objeto é adequado ao desejo. Assim, como o Outro não reconhece a falta enquanto modo de ser, ele bloqueia toda possibilidade de o sujeito assumi-la no interior de uma relação intersubjetiva constitutiva. No caso do fragmento clínico citado, essa função de um Outro que desconhece a castração é encarnada pela mãe, por essa mesma mãe que se coloca acima do pai ao desprezar o que ele pode oferecer.

Mas para que essa ignorância em relação à falta-a-ser seja sustentada, faz-se necessário que o sujeito destrua o seu próprio desejo, que ele se mortifique. Pois se ele não o destruísse, se conseguisse sustentar a relação ao Outro através do desejo, ele obrigaria o Outro a também manifestar seu desejo e, com isso, sua falta. Pois, como Kojève havia ensinado a Lacan, desejar o desejo de um Outro é sobrepor duas faltas. Na neurose obsessiva, essa anulação do próprio desejo pode se dar de várias formas: seja pela implementação de exigências estritas de autocontrole e de contenção; pela inibição de toda manifestação do desejo; pela incapacidade do obsessivo em vincular-se a um objeto que ele possa assumir como desejável; ou através da constituição de um objeto proibido, inalcançável, diante do qual ele se sente impotente.

É por isso que Lacan dá tanta importância ao sonho da amante do paciente. O que ela procura mostrar ao seu amante é como o falo não é um signo de potência e plenitude, mas o significante da castração. Ao dizer que mesmo tendo o falo ela é capaz de sentir o desejo que vem do amante, ela demonstra essa: "ordem na qual um amor ideal pode se desabrochar – a instituição da falta na relação de objeto".[37]

Para finalizar, notemos a maneira lacaniana de organizar as estruturas nosográficas. Lacan não parte, por exemplo, da descrição de sintomas que comporiam a neurose obsessiva (ideias obsedantes, compulsão para realizar atos indesejáveis, rituais que devem ser escrupulosamente repetidos, etc.), sintomas que encontraremos catalogados no DSM-V sob a rubrica "transtorno obsessivo-compulsivo". Seu interesse é mostrar como a neurose é uma *posição subjetiva frente ao desejo resultante de problemas em processos de socialização que se iniciam no*

---

[37] Jacques Lacan, *Séminaire IV*, p. 157.

*núcleo familiar*, posição marcada por um déficit de reconhecimento intersubjetivo em relação ao desejo, o que se deve à incapacidade de "subjetivação da falta". Essa mesma estratégia será utilizada para dar conta de outras estruturas neuróticas, como a histeria e a fobia. Por isso, a clínica lacaniana é uma *clínica estrutural*, e não uma sintomatologia. Ela privilegia a análise estrutural do modo como as relações sociais entre sujeito e Outro são constituídas, indicando, a partir daí, suas patologias. De certa forma, ela começa de cima (da estrutura) para baixo (a multiplicidade de sintomas), o que permite a conservação de estruturas nosográficas relativamente flexíveis do ponto de vista da configuração de sintomas.

Capítulo IV
# Formas do Real

Até aqui, vimos um processo contínuo de construção da clínica e da teoria metapsicológica lacaniana. No entanto, a partir dos anos 1960, Lacan começa a rever algumas de suas posições centrais. A principal delas diz respeito a uma modificação que toca a própria fundamentação da racionalidade da psicanálise como prática. Pois contra toda e qualquer redução organicista que visava a assentar as práticas clínicas na medicalização, Lacan construiu uma teoria na qual a reconstrução de laços intersubjetivos aparecia como condição para a cura de patologias mentais. Por isso a cura seria indissociável da possibilidade de reconhecimento intersubjetivo da falta-a-ser do desejo em um campo linguisticamente estruturado. Mas, a partir do início dos anos 1960 (principalmente após o seminário *A ética da psicanálise*), Lacan insistirá cada vez mais na necessidade de pensar a psicanálise a partir de uma "crítica da intersubjetividade". Mudança radical de posição que o obrigará a uma lenta reconfiguração de sua clínica e de sua teoria.

Essa reconfiguração ganha fôlego a partir de um incidente maior em sua carreira. Desde que havia sido formada, em 1953, a Sociedade Francesa de Psicanálise (SFP) lutava para ser reconhecida pela Sociedade Psicanalítica Internacional (IPA), responsável pela unidade e legalidade do movimento psicanalítico mundial. No entanto, Lacan era malvisto por essa instituição devido a sua prática clínica heterodoxa. A IPA havia sintetizado um conjunto de procedimentos *standard* ligados, principalmente, ao tempo das sessões analíticas, ao modo de manejo da transferência e ao comportamento do psicanalista. Lacan simplesmente não os respeitava. Por exemplo, contrariamente às sessões de 45 minutos, o psicanalista parisiense praticava uma sessão de tempo variado, o que lhe permitia, inclusive, ser o analista-didata de um número significativamente grande de candidatos a analista, criando assim um problema político no interior de sua própria Sociedade.[38] Tal situação acabou por levar a IPA a colocar, como condição para a aceitação da SFP, a exclusão de Lacan da posição de analista-didata. Dado esse contexto, Lacan decidirá fundar, em 1964, sua própria sociedade de psicanálise: a Escola Freudiana de Psicanálise (EFP).

Praticamente ao mesmo tempo em que fundava sua instituição psicanalítica, Lacan transferia seus seminários para a Escola Normal Superior. Claude Lévi-Strauss e Louis Althusser haviam convencido Fernand Braudel a nomeá-lo como conferencista da Escola Prática de Estudos Avançados. Essa transferência trouxe consequências profundas. A partir de então, os seminários receberam uma grande leva de novos ouvintes: os alunos da Escola

---

[38] "Analista-didata" é o psicanalista autorizado a receber em seu divã aspirantes a psicanalistas que devem passar por uma "análise didática".

Normal, sobretudo aqueles ligados ao Círculo de Epistemologia (grupo responsável, entre outras atividades, pela edição da revista *Cahiers pour l'Analyse*). Alguns anos depois, em 1966, Lacan publica enfim seu segundo e mais importante livro, os *Escritos*: uma compilação de artigos e conferências apresentadas entre 1936 e 1966.

Nesse novo contexto de transmissão, Lacan trabalha cada vez mais a partir de um quadro teórico e conceitual que ele próprio forjara. Os comentários sistemáticos de casos freudianos, ou mesmo de outros psicanalistas (Ernest Kris, Lucia Tower, Michael Balint, Melanie Klein, Maurice Bouvet), serão cada vez mais raros. Em vez disso, Lacan privilegiará a apresentação de seus próprios conceitos e processos (objeto *a*, ato analítico, travessia do fantasma, gozo, destituição subjetiva, semblante, Imaginário/Simbólico/Real), a análise de obras de arte, assim como discussões sobre o estatuto epistemológico da psicanálise a partir da confrontação com o pensamento formal e a análise do discurso.

Essa inflexão de sua experiência intelectual era a resposta de Lacan a uma exigência maior. Ao abandonar seu programa de fundamentação da psicanálise a partir de uma ideia peculiar de intersubjetividade, Lacan se viu obrigado a repensar os próprios fundamentos da prática analítica. O que ele fez forjando novos conceitos e estabelecendo uma outra direção para o final de análise. No entanto, Lacan nunca foi claro a respeito de onde seu antigo programa fracassou, nunca explicitou qual era seu verdadeiro problema. Ele disse de maneira velada.

### Final de análise como travessia do fantasma

Várias são as estratégias para explicar tal fracasso. Uma delas consiste em mostrar como, através dessa compreensão da análise como processo de subjetivação da falta e de reconhecimento intersubjetivo de um desejo pensado como desejo puro, Lacan perdia as condições para estabelecer distinções claras entre final de análise e perversão. Esse era o verdadeiro sentido de textos maiores como "Kant com Sade" e o seminário *A ética da psicanálise*.[39] No entanto, há uma outra maneira de expor o problema. Ela tem a vantagem de nos levar diretamente ao modo de reconstrução da racionalidade analítica da clínica lacaniana. Essa nova inflexão terá, como ponto de apoio, uma tematização extensa a respeito do conceito de fantasma e, sobretudo, do conceito de objeto do fantasma ou, ainda, de objeto *a*.

Vimos até aqui como Lacan havia pensado a cura analítica a partir de problemas ligados ao reconhecimento intersubjetivo do desejo em um campo sociolinguístico. No entanto, devemos sempre lembrar que, para que o sujeito possa entrar no campo da linguagem – e, com isso, socializar seu desejo através do mesmo movimento que assume a ordem social presente no núcleo familiar –, faz-se necessário algo como um vínculo afetivo sólido com um sujeito privilegiado que lhe garanta o acesso ao mundo social. Tal sujeito privilegiado é aquele que assume essa função que Lacan chama de "desejo-da-mãe", já que a mãe é o primeiro Outro que a criança tem acesso em suas experiências de satisfação. Caso tal vínculo afetivo não ocorra (porque não há desejo-da-mãe) ou caso ele ocorra "demais" (o que reduz a criança à condição de objeto *do* desejo-da-mãe), todo o processo de socialização fica comprometido, como mostram os casos de crianças psicóticas em tenra idade.

---

[39] A esse respeito, ver: Vladimir Safatle, *A paixão do negativo* (São Paulo: Unesp, 2006).

No entanto, esses vínculos afetivos não são simplesmente o espaço de cuidados e das primeiras manifestações de amor. Eles são fundamentalmente espaços marcados pela produção de fantasmas. A relação entre a criança e o desejo-da-mãe é, desde o início, uma relação fantasmática. Nesse contexto, basta compreendermos o fantasma como uma cena imaginária na qual o sujeito representa, a partir de primeiras experiências de satisfação, a realização de seu desejo. Como sabemos que o desejo do homem é o desejo do Outro, o fantasma será o modo de o sujeito constituir um objeto para o desejo do Outro, defendendo-se, com isso, da angústia de não saber o que o Outro quer. Daí Lacan dizer ser o fantasma: "a sustentação do desejo".[40]

Mas se analisarmos de maneira mais detalhada a natureza desses vínculos afetivos fantasmáticos, veremos que eles se dão através da relação entre o sujeito e aquilo que Karl Abraham indicou como sendo o que hoje conhecemos por *objetos parciais*. Nesse caso, o adjetivo "parcial" significa principalmente que, devido a uma insuficiência na capacidade perceptiva do bebê, suas primeiras experiências relacionais não se dão com representações globais de pessoas, como o pai, a mãe ou mesmo o Eu enquanto corpo próprio, mas com partes de tais objetos: seios, voz, olhar, excrementos etc. O caráter parcial dos primeiros objetos de satisfação também estaria ligado à estrutura originariamente polimórfica da pulsão, ou seja, ao fato de que as moções pulsionais apresentam-se inicialmente sob a forma de *pulsões parciais*, cujo alvo consiste na satisfação do prazer específico de órgão. Pensemos no bebê que ainda não tem à sua disposição uma imagem unificada

---

[40] Jacques Lacan, *Séminaire XI* (Paris: Seuil, 1973, p. 168).

do corpo próprio. Nesse caso, cada zona erógena tem tendência em seguir sua própria economia de gozo. A esses objetos parciais, Lacan dará o nome de objetos *a*.

Normalmente, a teoria psicanalítica (principalmente aquela de tradição inglesa) insiste que tais objetos parciais poderiam ser posteriormente *integrados* em representações globais de pessoas ou *sublimados* em representações sociais. Como se eles fossem partes de um todo que estará disponível *a posteriori*. Assim, o desejo pelo seio, por exemplo, seria logicamente resolvido no amor pela mãe. Poderíamos imaginar ser isso que Lacan tinha em mente ao designar o objeto *a* como objeto causa do desejo. Pois, por exemplo, o que causa o amor por uma mulher particular é a identificação do objeto *a* em seu estilo e corpo.

No entanto, Lacan pensava em algo totalmente diferente. Para ele, dizer que o amor por uma mulher particular era causado pela identificação, nesta mulher, do objeto *a*, significava assumir o fracasso de toda relação interpessoal possível, já que todo sujeito aparece para mim apenas como tela de projeção de meus próprios fantasmas. Como dirá Lacan: "Com seus próximos, vocês não fizeram outra coisa do que girar em torno do fantasma cuja satisfação vocês neles procuraram. Este fantasma os substituiu com suas imagens e cores".[41] O que nos envia aos fundamentos narcísicos da noção de objeto na psicanálise lacaniana. A presença do fantasma marcaria de maneira fundamental os modos de relação com o Outro e de inserção na ordem simbólica. Por isso, Lacan não deixará de afirmar que não há relação à Lei simbólica que não passe pelo fantasma.

---

[41] Jacques Lacan, *Séminaire VIII* (Paris: Seuil, 2000, p. 50).

Tal discussão pode, inclusive, nos explicar por que Lacan insistirá várias vezes que: "Não há relação sexual". Se houvesse relação sexual, ela seria o protótipo por excelência da relação intersubjetiva, já que é a única relação na qual o sujeito estaria *presente* para o Outro através da materialidade de seu corpo. Mas, com a teoria do fantasma, Lacan sustenta que o sujeito sempre encontra no corpo do Outro os traços arqueológicos de suas próprias cenas fantasmáticas vindas das primeiras experiências de satisfação.

Todas essas colocações podem nos mostrar por que, a partir de 1964, Lacan pensará a dinâmica da cura analítica com suas exigências de reconhecimento do desejo através do problema relativo aos modos de *atravessar o fantasma*. No entanto, este desejo não poderá mais ser pensado como desejo puro, embora ele continue conservando algo de sua natureza eminentemente negativa.

## Em torno do objeto a

A princípio, pode parecer que a travessia do fantasma estaria, de uma forma ou de outra, ligada à tentativa de dissolução do vínculo entre sujeito e objeto *a*. Isso eliminaria uma certa fixação do sujeito a objetos nos quais o desejo teria se alienado, abrindo assim espaço à confrontação com a falta-a-ser. É bem provável, no entanto, que a prática analítica tenha demonstrado a Lacan a impossibilidade de uma operação dessa natureza. Não é possível à análise dissolver os vínculos afetivos do sujeito aos objetos que causam seu desejo. Daí Lacan deixar paulatinamente de privilegiar a noção de desejo puro.

No entanto, a análise pode, de certa forma, modificar o sentido de tais vínculos, permitindo assim que eles sustentem experiências que não se reduzam à repetição modular de fantasmas. É isso que Lacan tinha em vista ao afirmar que a travessia do fantasma implica uma modificação no valor do objeto *a*. Ele deixa de ser esse objeto que conforma o campo da experiência à lógica do fantasma para ser o núcleo de uma experiência radical de descentramento.

Talvez isso fique mais claro se levarmos em conta o caráter aparentemente contraditório da definição do estatuto e função dos objetos *a*. Por um lado, eles servem de *fundamento* para todo modo de inserção na ordem simbólica, todo modo de socialização do sujeito e de seu desejo. No entanto, por outro lado, o objeto *a* é algo que o sujeito deve "perder" para poder se constituir enquanto Eu, ou seja, exatamente para individualizar-se através dos processos de socialização. Como podemos, pois, compreender esse paradoxo de algo que é, ao mesmo tempo, o fundamento de um processo e o que deve ser perdido para que esse mesmo processo possa operar?

A respeito dessa condição de objeto "perdido", lembremos como nos primeiros meses de vida de uma criança não há nada parecido a um Eu com suas funções de individualização e de síntese da experiência. O bebê vive em um mundo simbiótico e fusional com a mãe, no qual os objetos *a* apresentam-se em uma zona de indistinção entre o que é meu e o que é de um Outro. Seios, excrementos, olhar, voz são percebidos pelo bebê como objetos "internos à esfera de sua própria existência".[42] No entanto, tal estado de indistinção deve ser rompido, a criança deve se separar de tais objetos para que os processos de socialização possam operar e uma

---

[42] Jacques Lacan, *Séminaire X* (Paris: Seuil, 2004, p. 269).

identidade de si possa ser constituída através da imagem unificada do corpo. Lacan gostava de insistir que esse processo de *separação interna* ou, ainda, de automutilação deixava traços na forma de marcas de corte e de borda na configuração das zonas erógenas (lábios, margem do ânus, vagina, sulco peniano etc.).

Vistos sob esse aspecto, há algo nos objetos *a* de radicalmente estranho à imagem de si. Por isso, Lacan chama tal objeto de *não especular*. Para ser mais preciso, ao constituir uma imagem individualizada de si, o sujeito não *perde* os vínculos com o objeto *a*, ele deixa de ter condição de reconhecê-los. Pois reconhecê-los implicaria confrontar-se com algo que causa meu desejo, mas que não se conforma à minha autoidentidade. Algo que me constitui ao mesmo tempo que me escapa.

Isso produz uma ambiguidade maior no interior da função do fantasma, pois este permite estabelecer relações de prazer com os objetos através da conformação deles a experiências primeiras de satisfação. Mas Lacan crê que, no interior do fantasma, há algo que nos leva a uma experiência de outra ordem que não a submissão dos objetos às expectativas instrumentais de prazer. Por isso, ele irá lembrar: "não há outra entrada para o sujeito no Real a não ser o fantasma".[43] Atravessa-se o fantasma através do fantasma.

### O olhar de Lol V. Stein

Infelizmente, não há, em Lacan, casos clínicos que possam expor em detalhes como se daria tal movimento de travessia do fantasma. No entanto, há um recurso

---

[43] Jacques Lacan, *Séminaire VIII*, p. 326.

massivo às artes, em especial à literatura, ao teatro e à pintura, que acaba por desempenhar a função de descrever e, muitas vezes, de induzir processos que podem operar na clínica. Um exemplo privilegiado aqui é o comentário lacaniano ao romance de Marguerite Duras (1914-1996), *O deslumbramento*. Através desse comentário, Lacan parece fornecer um modelo do tipo de experiência subjetiva produzida pelo final de análise.

O livro gira em torno de uma espécie de cena traumática. Lol, uma garota que "dava a impressão de tolerar num tédio tranquilo uma pessoa com quem ela julgava ter a obrigação de parecer e de quem perdia a lembrança na menor oportunidade",[44] está em um baile com seu noivo, a quem ama. Porém, ele se deixa fascinar pela beleza de outra mulher, com a qual dançará durante horas. Lol assiste, muda e impassível, seu noivo sair com a outra para nunca mais voltar. Dessa cena, ela sai marcada por uma longa angústia emudecedora e catatônica.

Aos poucos, Lol procura sair de sua loucura. Ela se casa, tem filhos, cuida da casa de maneira ordenada, mas nunca parece estar totalmente presente. Dez anos depois, encontra um homem na rua e o segue. Logo, ela descobrirá que esse homem, Jacques Hold, é amante de sua melhor amiga, Tatiana Karl. A mesma amiga que esteve ao seu lado na cena do baile e que não havia sido vista desde então.

Na primeira oportunidade, Lol declara seu amor por Jacques Hold, que é também o narrador do livro, aquele que conta a história de Lol V. Stein. No entanto,

---

[44] Marguerite Duras, *O deslumbramento* (Rio de Janeiro: Nova Fronteira, 1986, p. 8).

essa declaração não é seguida de um pedido de ruptura entre ele e Tatiana. Ao contrário, ele deve rever a amante no Hotel, onde fazem sexo. Ele deve revê-la porque Lol estará lá, escondida, vendo tudo pela janela. Agora, ela não será mais aquela que estará excluída da cena do encontro entre dois amantes. Ela será o olhar (um dos objetos *a,* segundo Lacan) que suporta a cena, o olhar que veste os amantes em uma imagem, que os constitui e os impulsiona a agir. Jacques Hold saberá estar sendo observado, atado ao olhar de um Outro, destinado a realizar o fantasma de um Outro. Um saber que não o leva ao prazer de um jogo voyeurista, mas joga-o na angústia. É na maneira de lidar com a angústia de Jacques Hold que o romance demonstra sua utilidade clínica.

Sua angústia produz-se sobretudo porque o olhar que vem de Lol não tem a força de assegurar contextos estáveis de significação. Quando ela diz ter visto Tatiana nua, sob seus cabelos negros, Lacan insiste que tal nudez transforma-se, para Jacques Hold, em uma "mancha intolerável",[45] em algo "que a priva sempre mais do menor sentido possível", ou, segundo as palavras de Duras, na "revelação de um vazio". Ou seja, Tatiana é agora aquela que presentifica o olhar de Lol, e é com este olhar que Jacques Hold faz amor. Mas Tatiana presentifica tal olhar em um ponto no qual o desejo e a dor são indistinguíveis. Dor de quem só pode estar presente na cena através do corpo de uma outra, só presente fora de si. Uma mistura entre desejo e dor intolerável porque desprovida de sentido no interior de uma lógica do fantasma que visa a pautar a ação pela procura do prazer e pelo afastamento do desprazer.

---

[45] Jacques Lacan, *Outros escritos,* p. 202.

Mesmo quando Jacques Hold, enfim, fizer amor com Lol, isso depois de os dois voltarem ao vazio do salão onde ela fora abandonada pelo noivo há dez anos, ele fará amor com alguém que se entrega na cama em meio a um surto psicótico. Lol só pode estar presente na relação sexual, ela só pode sexualizar seu corpo "impenetrável" e opaco, através de Tatiana. Por sua vez, Jacques Hold, o narrador, só pode descrever o que se passa por uma narrativa cada vez mais fragmentada e instável, como quem está diante de algo em vias de se dissolver. Essa confrontação com um objeto que no amor se revela dilacerado entre uma imagem que o unifica (vinda de uma outra) e uma opacidade que o traga – opacidade que, segundo Lacan, celebra "as núpcias taciturnas da vida com o objeto indescritível" – é talvez a figura mais próxima do que podemos entender por "travessia do fantasma".

Lembremos ainda que personagens como Lol trazem uma característica maior do *nouveau roman*: eles perderam toda substancialidade, toda densidade psicológica, todo enraizamento em contextos socioculturais. No caso de Lol, isso a reduz a estar ligada apenas a uma cena que formaliza tal situação existencial de abandono: a cena do baile. Suas ações consistem em repetir tal cena (por exemplo, dando um baile em sua própria casa e "raptando" Jacques Hold sob os olhos de Tatiana) ou em imitar uma outra cujo lugar ela procura tomar.

No entanto, em vez de simplesmente levar a personagem a reconstruir vínculos substanciais (por exemplo, fugindo com Jacques Hold para "reconstruir a vida" de maneira mais "autêntica"), o romance prefere nos levar a esse ponto onde a perda de substancialidade demonstra seu conteúdo de verdade, ou seja, onde Hold depara-se com a situação de precisar inventar uma maneira de conviver com aquilo que não pode mais ser submetido às amarras seguras da identidade. Situação angustiante, sem dúvida, mas esta é uma angústia formadora que, ao menos para Lacan, é indissociável do processo analítico.

## Paixão pelo Real

Não é difícil perceber que essa maneira de pensar processos ligados ao final de análise está distante de toda forma de adaptação social, de melhora na "performance" de papéis sociais ou mesmo de diminuição do sofrimento psíquico. Este último ponto é importante, pois profissionais da saúde mental tendem a legitimar suas práticas através do discurso de que, para além de toda e qualquer questão de método e de definição de objeto, a clínica está sempre diante de uma realidade inabalável, a saber, o sofrimento do paciente. Minorar o sofrimento seria nossa função e o único critério de orientação da clínica; dessa forma, a cura não seria outra coisa do que a redução do sofrimento ao silêncio, já que, como dizia o médico René Leriche (1879-1955): "a saúde é a vida no silêncio dos órgãos". Como se a eficácia terapêutica em relação a uma categoria fenomênica extremamente normativa como o "sofrimento" fosse condição suficiente para assegurar a validade de dispositivos clínicos.

No entanto, diante de tais discursos, devemos sempre colocar perguntas do tipo: afinal, o sofrimento é um "fato que fala por si mesmo" ou é um fenômeno que é levado a falar no interior de contextos sócio-históricos determinados? Sofre-se da mesma maneira, dá-se o mesmo sentido ao sofrimento independentemente do contexto sócio-histórico? Pois é possível que a "significação do sofrimento psíquico" seja uma questão eminentemente *política*, já que diz respeito à maneira como os corpos sofrerão interferências, os comportamentos serão normatizados, os processos de socialização e de reprodução de modos de vida serão defendidos. Ou seja, diz respeito à maneira como a "saúde" aparece como categoria fundamental de imposição de uma normatividade social à vida.

É verdade que poderíamos ignorar tudo isso e dizer que a experiência da dor é algo que ancora o sofrimento em um solo inquestionável e indiferente a contextos. Mas, novamente, não seria difícil lembrar que não há nenhuma relação imediata entre a dor física, o desconforto psíquico e o desprazer de um sofrimento vivenciado como *doença* que leva sujeitos a se submeterem à clínica. Há dores e desconfortos que procuramos, não devido a alguma espécie de fantasma masoquista, mas por compreendermos que o que está em jogo nessas situações é alguma forma necessária de ruptura. Basta lembrar aqui as palavras de um "psicólogo", Nietzsche (1844-1900): "Só a grande dor, esta longa e lenta dor na qual queimamos como madeira verde nos obriga, a nós filósofos, a descer em nossas profundezas e a nos desfazer de toda confiança [...] Duvido que tal dor nos deixe melhor, mais eu sei que ela nos aprofunda".[46]

É tendo algo parecido em vista que Lacan insistirá cada vez mais que a experiência humana não é um campo de condutas guiadas apenas por imagens ordenadoras (Imaginário), por estruturas sociossimbólicas (Simbólico) que visam a garantir e a assegurar identidades, mas também por uma força disruptiva cujo nome correto é Real. Aqui, o Real não deve ser entendido como um horizonte de

---

[46] Friedrich Nietzsche, *A gaia ciência* (São Paulo: Companhia das Letras, 2005, p. 134).

experiências concretas acessíveis à consciência imediata. O Real não está ligado a um problema de descrição objetiva de estados de coisas. Ele diz respeito a *um campo de experiências subjetivas* que não podem ser adequadamente simbolizadas ou colonizadas por imagens fantasmáticas. Isso nos explica porque o Real é sempre descrito de maneira negativa, como se fosse questão de mostrar que há coisas que só se oferecem ao sujeito sob a forma de negações.

O nome lacaniano do modo de acesso ao Real é "gozo".[47] Lacan insiste que a lógica do comportamento humano não pode ser totalmente explicada a partir do cálculo utilitarista de maximização do prazer e de afastamento do desprazer. Há atos cuja inteligibilidade exige a introdução de um outro campo conceitual com sua lógica própria, um campo que desarticula distinções estritas entre prazer e desprazer por colocar o Eu sempre diante de uma certa dissolução de si, a qual produz, ao mesmo tempo, satisfação e terror. Indistinção entre satisfação e terror que Lacan chama de "gozo". Dissolução da autoidentidade que ele chama de "destituição subjetiva" e que, de uma maneira ou de outra, sempre estaria presente em todo final de análise.

Esse campo que visa a fornecer a inteligibilidade de atos através dos quais o sujeito procura se confrontar com aquilo que faz vacilar as certezas identitárias de seu Eu é animado por uma dinâmica pulsional própria à pulsão de morte. Tal ideia de uma tendência, interna a todo organismo, de retorno ao inorgânico, é um conceito freudiano extremamente criticado por mais parecer um entulho metafísico. No entanto, ele é central em Lacan,

---

[47] Para uma análise exaustiva do conceito lacaniano de gozo, ver Christian Dunker, *O cálculo neurótico do gozo* (São Paulo: Escuta, 2002).

a ponto de ele afirmar que "toda pulsão é virtualmente pulsão de morte".[48]

De fato, Lacan quer conservar a ideia da pulsão como retorno em direção à morte, mas é o próprio conceito de "morte" que se transforma. Em vez de morte como retorno à origem inorgânica, morte pensada a partir do modelo objetivo de uma matéria indiferente inanimada, Lacan procura a possibilidade de satisfazer a pulsão através de uma "morte simbólica" ou "segunda morte". Freud falava de uma autodestruição da pessoa própria à satisfação da pulsão de morte. Digamos que, para Lacan, a morte procurada pela pulsão é realmente a "autodestruição da pessoa", mas se entendermos por *pessoa* a identidade do sujeito no interior de um universo simbólico estruturado. Essa morte é, pois, o operador fenomenológico que nomeia a suspensão do regime simbólico e fantasmático de produção de identidades.

É verdade que Lacan sempre insistiu que o gozo produzido por essa segunda morte é impossível, mas "impossível" é apenas um modo de experiência subjetiva que parece sempre exceder nossa capacidade de simbolização e de transposição em imagens. Ponto de excesso com o qual cada sujeito só poderá lidar através de um arranjo singular. Por isso, a última palavra de Lacan sobre a análise será sempre: "No recurso que preservamos do sujeito ao sujeito, a psicanálise pode acompanhar o paciente até o limite estático do *Tu és isso*, onde se revela a marca de seu destino mortal, mas não está em nosso poder de clínicos levá-lo a este momento no qual começa a verdadeira viagem".[49]

---

[48] Jacques Lacan, *Escritos,* p. 848.
[49] Jacques Lacan, *Escritos*, p. 100.

# Conclusão

Vários conceitos importantes desenvolvidos por Lacan a fim de dar conta de aspectos maiores de sua experiência intelectual não puderam ser tratados aqui. Semblante, ato analítico, sujeito suposto saber, sublimação, mascarada, *sinthome*, matema, perversão, repetição são apenas alguns deles. Da mesma forma, nada foi dito a respeito dos inumeráveis recursos de Lacan ao pensamento formal (topologia, matemática, teoria dos nós). No entanto, a função deste livro não poderia ser descrever toda a trama lacaniana de conceitos. Antes, tratou-se apenas de fornecer um eixo de desenvolvimento capaz de servir de introdução aos problemas e estratégias centrais de organização do seu pensamento.

Sendo assim, vimos como Lacan partira da recusa em aceitar qualquer forma de redução organicista dos fenômenos mentais, o que o levou a articular clínica e reflexões sobre os processos de formação da subjetividade através de dinâmicas de socialização do desejo. A racionalidade de sua clínica pode, assim, depender de problemas ligados ao reconhecimento social de um desejo pensado a partir da noção de negatividade, de uma pulsão cuja verdade é ser pulsão de morte. Mesmo com a crítica à noção de intersubjetividade, o problema do reconhecimento continuará norteando o pensamento lacaniano, um reconhecimento cujo eixo se dará agora entre o sujeito e um objeto, que o constitui ao mesmo tempo que lhe escapa. Pois, talvez, ninguém tenha levado tão a sério a ideia de que o sujeito só é sujeito quando é capaz de experimentar, em si mesmo, algo que o ultrapassa, algo que faz com que ele nunca seja totalmente idêntico a si mesmo. Uma experiência de desidentidade capaz de nos adoecer; mas também de nos curar.

Tendo isso em vista, podemos compreender de outra forma a ânsia social em decretar a crise da psicanálise. Não se trata simplesmente de um problema relativo à eficácia de uma prática clínica determinada. O que está em jogo aqui é o sentido da noção de cura, da noção de normalidade e o destino que queremos dar ao sofrimento psíquico.

Nesse contexto, Jacques Lacan seria o primeiro a dizer que há algo de verdadeiro na aproximação das palavras "psicanálise" e "crise". Pois a psicanálise nasceu em um momento de crise profunda da modernidade ocidental. Ela é o sintoma maior dessa crise que nos levou a colocar em questão nossos ideais normativos sobre autoidentidade, sexualidade, modos de socialização e, sobretudo, nossas ideias sobre o que estamos dispostos a contar como racional. Ela não se contentou apenas em colocar em questão tais ideias, mas procurou desenvolver uma prática capaz de servir de impulso à constituição de modos renovados de relação a si e ao Outro. Por isso, o destino da psicanálise é que ela desapareça... o mais rápido possível, custe o que custar. Só assim, talvez, possamos nos esquecer da crise de nossa própria forma de vida naquilo que ela tem de mais fundamental. Lacan nunca duvidou da força desesperada do esquecimento. Mas ele também nunca duvidou da plasticidade infinita daquilo que resiste a ser esquecido.

Anexo
# Sobre a relação entre clínica e ética em Lacan

"Deveríamos levar a intervenção analítica até os diálogos fundamentais sobre a justiça e a coragem, na grande tradição dialética?"[50] Talvez essa pergunta, enunciada por Jacques Lacan no início dos anos 1950, sirva para uma importante peculiaridade a respeito de sua experiência clínica, a saber, a compreensão da psicanálise não exatamente como uma terapêutica visando reinstaurar estados anteriores à doença, mas como uma ética.

Esta é uma questão que não parece exatamente evidente. Por que um psicanalista, alguém cuja exigência profissional consistiria em tratar sofrimentos psíquicos e patologias mentais, deveria se preocupar com a "grande tradição dialética" ou com valores morais que não parecem ter muita utilidade em situações clínicas, já que normalmente dizem respeito ao campo das relações sociais? Não seria mais adequado afirmar que a intervenção analítica deveria ser levada a deparar-se com questões um pouco mais precisas, como a estrutura neuronal dos afetos ou os

---
[50] Jacques Lacan, *Séminaire II*, p. 230.

paralelismos orgânicos relativos a estados de depressão, catatonia etc.?

De fato, essa pergunta de Lacan era peculiar por indicar uma tentativa de larga escala em reavaliar o sentido desse setor sensível das práticas médicas que podemos chamar de "clínica do sofrimento psíquico" ou simplesmente de "psicologia". Projeto fundacionista que ficava claro quando Lacan fazia afirmações como: "Toda psicologia, inclusive esta que fundamos através da análise, é apenas uma máscara, e algumas vezes um álibi, da tentativa de penetrar o problema da nossa própria ação, que é a essência, o próprio fundamento de toda reflexão ética".[51] Quer dizer, a psicologia não seria, por exemplo, uma reflexão sobre a estrutura das faculdades mentais e funções intencionais tendo em vista o tratamento de distúrbios, transtornos e síndromes cuja causalidade estaria, em larga medida, vinculada àquilo que normalmente chamamos de "psíquico". Ela seria, juntamente com a psicanálise, o setor avançado de uma teoria da ação que fornece o fundamento para toda reflexão de natureza ética, ou seja, toda reflexão ligada àquilo que se impõe à conduta humana como um dever-ser, como uma orientação a partir de valorações.

Vale a pena insistir na radicalidade dessa posição. Pois, afirmar que psicologia e psicanálise são setores de uma teoria da ação significa dizer que seus objetos (como a memória, o desejo, a sexualidade, a percepção) não têm realidade substancial alguma para além de uma reflexão sobre a ação e seus condicionamentos, suas inibições, seus sintomas, suas angústias. Ação que não é simplesmente reação ao meio ambiente, ato reflexo, instinto cego, mas

---

[51] Jacques Lacan, *Séminaire VII*, p. 23.

impulso em direção à realização de valorações capazes de constituir formas de vida.

Dizer que a psicanálise é, no fundo, a tentativa de penetrar a essência, o fundamento de toda reflexão ética, pode parecer, a princípio, algo temerário. Pois sabemos como toda clínica coloca em funcionamento distinções entre o normal e o patológico, entre um estado de saúde e uma situação inaceitável de sofrimento. Sabemos também como certos setores da psicanálise foram, em muitos momentos, responsáveis pela aproximação entre a noção reguladora de "normalidade" e uma certa adaptação a valores e ideais de autorrealização socialmente partilhados. Outros setores também colaboraram para que tais valores e ideais mudassem de configuração e aparecessem menos ligados a exigências de repressão e de conformação a padrões estáticos de conduta. No entanto, não é desprovido de interesse lembrar como, em última instância, Lacan nunca confundiu tais demandas de autorrealização socialmente avalizadas com o que realmente estaria em jogo em uma situação analítica.

"É aceitável reduzir o sucesso da análise", perguntará Lacan, "a uma posição de conforto individual, ligado seguramente a esta função fundamentada e legítima que podemos chamar de serviço dos bens – bens privados, bens da família, bens da casa, outros bens que também nos solicitam, bens da profissão, da cidade?"[52] Ou seja, estaria o sucesso da análise necessariamente vinculado à restituição da capacidade do sujeito em agir de maneira bem-sucedida na realização de valores normativos no mundo do trabalho, na esfera familiar, na polis, esferas cuja racionalidade estaria submetida ao que Lacan chama

---

[52] Jacques Lacan, *Séminaire VII*, p. 245.

aqui de "serviço dos bens"? A resposta do psicanalista francês é simples e direta: "Não há razão alguma para fazermos o papel de fiadores dos devaneios burgueses".

De fato, a afirmação não poderia ser mais clara a respeito do que Lacan tinha em vista. Pois, como vimos na conclusão deste livro, ele estava disposto a insistir no fato de a psicanálise ter nascido em um momento de crise profunda da modernidade ocidental. Maneira de lembrar que ela é o sintoma maior dessa crise que nos levou a colocar em questão nossos ideais normativos sobre autoidentidade, sexualidade, modos de socialização, justiça e, sobretudo, nossas ideias sobre o que estamos dispostos a contar como racional. Assim, ela seria indissociável de uma reorientação profunda referente àquilo que pode aparecer como próprio a uma ética.

Não deixa de ser extremamente importante perceber como Lacan não desconhece a dependência entre clínica e moral. Não por acaso, conceitos reguladores do campo da reflexão moral, como autonomia, autocontrole, estão presentes no horizonte de definição da própria racionalidade clínica. No entanto, Lacan age muito mais como alguém que se pergunta pelo preço a pagar para que a vontade possa aparecer como autônoma, para que o inconsciente desapareça das reflexões éticas a fim de que uma noção de deliberação consciente e refletida volte a comandar nossa imagem sobre nós mesmos. Ele será ainda aquele que se perguntará sobre quais processos disciplinares e normativos é necessário internalizar para que possamos reconhecer a conduta pressuposta na estrutura valorativa em operação na família, no mundo do trabalho e em outras instituições como ideal de normalidade. Dessa forma, Lacan pode colocar uma questão central: em que o estabelecimento de um campo empírico do saber com suas práticas e incidências sociais, como a psiquiatria e a psicologia, é devedor de uma reflexão de ordem moral? E seria possível recuperar um modo de relação a si resultante de uma ética que não fosse "fiadora dos devaneios burgueses" de autorrealização e autonomia?

Essas colocações explicam o tamanho da aposta de Lacan em relação à psicanálise. Ele quer retirá-la de toda condição terapêutica e adaptativa para transformá-la em um exercício capaz de nos levar à confrontação com um ato que teria o valor de singularizar formas de relação a si e ao mundo. Nesse sentido, é bom lembrar como a ética à qual Lacan se refere não é a consolidação de horizontes normativos fortemente regulados a partir de uma racionalidade de moldes jurídicos. Ela é o nome de uma abertura a uma alteridade que nos singulariza.

## Uma ética do inumano

Quando Lacan fala de um fundamento da ação ética que apareceria como princípio de orientação para a cura analítica e para a reconstrução da própria noção de normalidade, há de se ter clareza a respeito do que ele entende afinal por "ética" nesse contexto. Talvez a frase mais célebre a esse respeito seja: "Proponho que a única coisa a respeito da qual se possa ser culpado, ao menos na perspectiva analítica, é de ter cedido em seu desejo".[53] Não ceder em seu desejo seria, afinal, o vetor de orientação para a reflexão psicanalítica sobre a ação, sendo que, de uma certa forma, a verdadeira fonte de sofrimento psíquico estaria vinculada à consciência tácita de o sujeito, em um ponto essencial, ter cedido em seu desejo.

---

[53] Jacques Lacan, *Séminaire VII*, p. 382.

A princípio, nada mais nebuloso do que esse tipo de colocação de Lacan. Afinal, o que ele tem exatamente em mente? Não devemos ceder nas exigências particularistas de nosso desejo, na afirmação de nossos sistemas pessoais de interesse e de expectativas de satisfação reguladas pelo princípio de prazer? Responder tais questões exige lembrar mais uma vez o que exatamente Lacan entende por "desejo". Vimos sua noção de desejo como falta, não a falta de um objeto determinado da necessidade, mas pura negatividade desprovida de objeto natural. Daí a noção do desejo como "falta-a-ser". Nos seus piores momentos, tal conceito de desejo acabou por alimentar uma certa estética da finitude e da incompletude, como se estivéssemos diante de alguma forma parisiense de teologia negativa marcada pela consciência resignada do gozo impossível. Muitas foram as críticas contra tal noção de desejo. No entanto, devemos nos perguntar de maneira mais precisa sobre o que Lacan tinha em mente ao falar que a verdade do desejo era ser pura negatividade.

Pois, paradoxalmente, Lacan não está exatamente falando de uma falta constitutiva do desejo, mas de uma falta constitutiva da estrutura e do Outro. A negatividade é uma forma de insistir que o desejo está em falta em relação às possibilidades de determinação social, de nomeação. Ele excede o campo das determinações postas. Insistir em sua natureza negativa é insistir em sua contradição com o campo de enunciação, socialmente e historicamente constituído. Ele nega porque excede.

Uma maneira privilegiada de compreender esse ponto é lembrando que Lacan não partilha da ideia clássica, ao menos desde os estudos de Durkheim sobre o suicídio em situações de anomia, de que o sofrimento social na modernidade estaria ligado à perda de relações substanciais estáveis e fixas em que cada um sabe quais são as condutas e valores que devem ser assumidos, qual o lugar que cada um deve assumir no interior de uma vida social que se oferece como totalidade. Ao contrário, para Lacan, a verdadeira fonte de sofrimento social era resultante do caráter repressivo da identidade, dessa identidade que devemos internalizar quando passamos por processos de individuação e de constituição social do Eu. Daí Lacan ter sido tão sensível às temáticas vanguardistas de dissolução do Eu e de desarticulação de seus princípios de síntese enquanto condição para o advento de uma experiência capaz de realizar exigências de autenticidade. Isso a ponto de ele afirmar ser a análise uma "experiência no limite da despersonalização", experiência que visa provocar uma "destruição subjetiva".

Esse ponto é importante por nos lembrar de que, ao falar do desejo como pura negatividade, Lacan tinha em mente essa potência de indeterminação, essa presença, em todo sujeito, daquilo que não se submete integralmente à determinação identitária da unidade sintética de um Eu, que não se submete à forma positiva de um objeto finito. Ou seja, a falta própria ao desejo é, na verdade, o modo de descrição de uma potência de indeterminação e de despersonalização que habita todo sujeito. É o não saber lidar com ela que muitas vezes nos faz sofrer, produzir sintomas, inibições e angústias.

Nesse sentido, "não ceder em seu desejo" só pode significar a exigência de se confrontar com o que aparece como "inumano" no interior do desejo, como desprovido da imagem identitária do homem. Tal confrontação é, afinal, o que mobiliza a exigência de "coragem" que a intervenção analítica traz, já que ela nos exige pensar individualidades que não são fundadas exatamente na coerência unitária das condutas, na coesão dos ideais, mas na capacidade de absorverem experiências que se colocam no limite da despersonalização, de nossa identidade e de nossa pretensa autonomia. É exatamente isso que Lacan entendia por "sujeito". Resta saber o que pode ser um conceito de "justiça" capaz de estar à altura do que Lacan tem em vista.

Terminemos então com uma situação clínica que talvez dê mais concretude a tal reflexão. Trata-se de uma vinheta clínica apresenta por Ernst Kris a respeito de um jovem cientista incapaz de publicar suas pesquisas, vinheta que será objeto das elaborações de Lacan em várias ocasiões. Tal impossibilidade de publicar, diz Kris, é derivada de uma compulsão, que o paciente julga ter, ao plágio. Assim, encontramos um paciente que organiza sua posição subjetiva a partir da proposição: "Eu não posso publicar o que escrevo, pois no fundo sou um plagiador". Ela não deixa de ressoar seu comportamento, na juventude, de pequenos furtos de livros e doces. Ela não deixa, também, de colocar em cena um modo de relação intersubjetiva por comparação que remete às relações com seu pai e seu avô, um "grande pai" (*grandfather*) que obteve o sucesso que o pai não foi capaz de alcançar.

Um dia, o paciente chega à sessão analítica afirmando ter encontrado um livro que contém as ideias dos textos que escrevera, mesmo sem publicar. Kris intervém pedindo para ler o livro. O que ele faz, concluindo não haver nada do que o paciente temia. Ao contrário, dirá Kris, o paciente projetava no outro ideias que ele gostaria de ter. Isso permite a Kris inverter a proposição do paciente, fazendo-a passar em seu oposto através de uma afirmação como: "Você pode publicar o que escrever, pois não é um plagiador. Na verdade, você sofre da deformação de atribuir aos outros suas próprias ideias". Ou seja, é a estrutura das passagens no oposto próprias à Verneinung que aparece claramente aqui.

Ela permite a Kris intervir no nível da "apreciação da realidade", tentando levar o paciente a aceitar que: "Sempre lidamos com as ideias dos outros, trata-se de uma questão de saber como lidar com elas". Ao apresentar sua interpretação, Kris ouve do paciente a seguinte resposta: "Sempre quando minha sessão de análise termina, um pouco antes do almoço, eu gosto de passear por uma rua onde encontro um restaurante que oferece um de meus pratos preferidos: miolos frescos".

Lacan dirá que tal resposta expõe, na verdade, o fracasso da intervenção de Kris. Pois mesmo que a análise de Kris não estivesse incorreta, falta analisar o desejo de "comer miolos frescos". Pouco importa se ele é ou não plagiário, mas é certo que seu desejo de plágio é algo de estruturador e intransponível. Isso leva Lacan a insistir que há uma relação oral primordial e bruta, relação com um objeto *a* marcado pela oralidade, através da qual o sujeito tece suas identificações. Essa relação, não por acaso, aparece bloqueando uma dimensão essencial do reconhecimento linguisticamente estruturado, a saber, a dimensão da "publicação", do tornar-se público, do assumir para o Outro a forma de suas ideias. Pois tal relação oral tem algo, para esse sujeito, de não inscritível em uma forma reconhecida. Ela simplesmente não pode ter uma forma reconhecida, ela o decompõe, o destitui, levando-lhe ao limite da despersonalização. Dessa relação, o Eu "nada quer saber", pois é ela o que foi "expulso para fora de si" como radicalmente para além dos limites do princípio do prazer.

Por isso, a única forma possível de reconhecimento aparece através: "de um ato totalmente incompreendido do sujeito".[54] Um *acting out* que ele repete, como se traduzisse em forma imaginária aquilo que deveria ser capaz de apreender em seu real. Mas depois da intervenção do analista, com sua inversão na qual o sujeito encontra no outro aquilo que ele projetara, só restou a produção do *acting out*. Pois ele indica, principalmente, a pobreza da linguagem simbólica que se constitui na situação analítica ou, se quisermos, a pobreza da linguagem usada pelo analista para interpretar as produções do analisando.

O "não" do paciente, ao dizer "Eu não posso publicar, eu não sou alguém que possa publicar suas próprias ideias", quando invertido pelo analista em uma afirmação do tipo "você pode publicar, nossas ideias sempre vêm de outros", significa uma espécie de bloqueio na escuta mais precisa desse "não", dessa negatividade própria ao desejo do paciente. Não foi possível ouvir como tal negação era mais brutal, pois pedia o desenvolvimento de uma experiência com a linguagem na qual a confusão das relações profundamente orais pudesse vir à tona e encontrar uma forma. O que era impossível no interior de um uso da linguagem marcada pelas fronteiras individualizadas de quem se sente, a todo momento, entrando indevidamente no domínio de um outro, sendo desmascarado como um plagiador. Esta negatividade pedia a emergência de um relacionar-a-si que seria imediatamente relacionar-se-a-outro. No entanto, tudo o que restou ao paciente de Kris foi tentar se contentar comendo miolos frescos. Como se fosse questão de abandonar o impossível e se contentar com a impotência. Mas é nesse ponto que "não ceder em seu desejo" demonstra sua força ética.

---

[54] Jacques Lacan, *Escritos*, p. 398

# Cronologia

1901 – Nasce em Paris no dia 13 de abril. Filho de Alfred Lacan (1873-1960) e de Émilie Baudry (1876-1948).
1919 – Entra para a Faculdade de Medicina.
1932 – Começa sua análise didática com Rudolph Loewenstein. Obtém o doutorado com a tese: *Da psicose paranoica em suas relações com a personalidade*.
1933 – Começa a frequentar os cursos de Alexandre Kojève sobre a *Fenomenologia do Espírito*, de Hegel.
1934 – Casa-se com Marie-Louise Blondin.
1936 – Pronuncia pela primeira vez sua teoria do estádio do espelho em um Congresso da Associação Internacional de Psicanálise (IPA) em Marienbad, na atual República Checa.
1938 – Termina sua análise com Loewenstein e se torna membro titular da Sociedade Psicanalítica de Paris (SPP).
1941 – Divorcia-se e tem uma filha (Judith Miller) com Sylvia Maklès-Bataille, ex-esposa de Georges Bataille.

1951 – Começa seminários em sua casa com lições dedicadas ao caso Dora. Tais seminários continuarão até o fim de sua vida.

1953 – Eleito presidente da SPP. Lacan renunciará meses depois para ingressar na recém-criada Sociedade Francesa de Psicanálise (SFP). Os seminários passam para o Hospital Saint-Anne, onde Lacan também conduz apresentações clínicas.

1963 – A fim de ser reconhecida no seio da IPA, a SFP retira de Lacan a condição de analista-didata.

1964 – Os seminários são transferidos para a Escola Normal Superior. Lacan funda a Escola Freudiana de Psicanálise (EFP).

1966 – Publicação dos *Escritos*.

1969 – Os seminários são transferidos para o auditório da Faculdade de Direito da Sorbonne.

1973 – Começa a publicação dos seminários com a edição do *Seminário XI: Os quatro conceitos fundamentais da psicanálise*. Mais de quarenta anos depois, 17 volumes, dos 25 previstos, foram editados. Publicação de *Televisão*.

1980 – Lacan dissolve a EFP e cria a Escola da Causa Freudiana (ECF).

1981 – Morre em 09 de setembro.

# Bibliografia

A obra de Lacan é composta por duas compilações de textos (*Escritos* e *Outros escritos*), 25 seminários (17 editados até hoje) e uma coleção de pequenos livros com inéditos que não foram integrados à última compilação, lançada em 2001.

Atualmente, quase todas as obras publicadas de Lacan têm tradução em português pela Zahar, exceto sua tese de doutorado, publicada pela Forense. Os *Escritos* têm duas traduções, mas apenas uma é recomendada (Zahar, 1996). As traduções dos seminários são irregulares, sendo que as mais "livres" e problemáticas são as dos seminários XI e XX; as demais podem ser consultadas com mais segurança. Além disso, foram publicados, também pela Zahar: *Outros escritos* (2003); *Nomes-do-pai* (2005); *O triunfo da religião* (2005); *O mito individual do neurótico* (2008) e *Estou falando com as paredes* (2011).

## Bibliografia introdutória

BORCH-JACOBSEN, Mikkel. *Lacan: The Absolute Master*. Califórnia: Stanford University Press, 1991.

DAVID-MÉNARD, Monique. *A histérica entre Freud e Lacan*. São Paulo: Escuta, 2000.

DUNKER, Christian. *O cálculo neurótico do gozo*. São Paulo: Escuta, 2002.

EVANS, Dylan. *An Introductory Dictionary of Lacanian Psychoanalysis*. Nova York: Routledge, 1996.

FINK, Bruce. *A Clinical Introduction to Lacanian Psychoanalysis: Theory And Practice*. Cambridge: Harvard University Press, 1999.

IANNINI, Gilson. *Estilo e verdade em Jacques Lacan*. Belo Horizonte: Autêntica, 2012.

LACOUE-LABARTHE, Philippe; NANCY, Jean-Luc. *O título da letra*. São Paulo: Escuta, 1991.

MILLER, Jacques-Alain. *Percurso de Lacan*. Rio de Janeiro: Zahar, 1988.

MILNER, Jean-Claude. *A obra clara*. Rio de Janeiro: Zahar, 2000.

NOBUS, Dany. *Jacques Lacan and the Freudian Practice of Psychoanalysis*. Nova York: Routledge, 2000.

OGILVIE, Bertrand. *Lacan: a formação do conceito de sujeito*. Rio de Janeiro: Zahar, 1988.

ROUDINESCO, Elisabeth. *Jacques Lacan: esboço de uma vida, história de um sistema de pensamento*. São Paulo: Companhia das Letras, 1994.

SAFATLE, Vladimir (Org.). *Um limite tenso: Lacan entre a filosofia e a psicanálise*. São Paulo: Ed. Unesp, 2003.

SAFATLE, Vladimir. *A paixão do negativo: Lacan e a dialética*. São Paulo: Ed. Unesp, 2006.

SIMANKE, Richard. *Metapsicologia lacaniana: os anos de formação*. São Paulo: Discurso Editorial, 2002.

ŽIŽEK, Slavoj. *How to Read Lacan*. Londres: Granta, 2006.

## Sites

<www.acheronta.org> (Acheronta: Revista de Psicoanálisis y Cultura)
<www.lacan.com>
<www.gaogoa.free.fr/SeminaireS.htm> (Transcrição integral dos seminários de Lacan)

Este livro foi composto com tipografia Bembo e impresso
em papel Off-White 80 g/m² na Gráfica Rede.